AF626737

I. Grundlagen

1. Ohne Konflikte geht es nicht

Konflikte sind unvermeidbarer Bestandteil des sozialen Lebens. Sie entstehen, wenn Menschen mit unterschiedlichen Bedürfnissen, Interessen, Rollen und Werten aufeinandertreffen – und das ist insbesondere im Arbeitsleben der Normalfall. Diese Tatsache zu akzeptieren ist ein erster und wichtiger Schritt in Richtung Konfliktkompetenz. Allerdings werden Konflikte in vielen Fällen als unangenehm und stressauslösend empfunden, man würde sie daher am liebsten vermeiden. Dabei wird leicht der Aufforderungscharakter übersehen, der in vielen Konflikten steckt. Konflikte zeigen unmissverständlich auf, dass Dinge nicht rund laufen und dass man sich darum kümmern muss. Insofern können sie als Auslöser für notwendige Veränderungsprozesse oder Beziehungsklärungen konstruktiv genutzt werden.

Grundsätzlich müssen Auseinandersetzungen so geführt werden, dass es nicht zu unbeabsichtigten Eskalationen kommt und wechselseitige Verletzungen möglichst vermieden werden. Wie das gelingen kann, davon handeln die folgenden Seiten.

2. Was genau ist ein Konflikt?

Nicht jede Meinungsverschiedenheit ist bereits ein Konflikt. Solange Differenzen auf der Sachebene ausgetragen und gelöst werden können, spricht man von einem Problem. Allerdings verändert sich die Lage, sobald das

Problem von mindestens einer beteiligten Person mit beziehungsbelastenden Emotionen aufgeladen wird. In einem solchen Fall entwickelt sich das Problem zu einem Konflikt (vgl. Besemer 2002, S. 17).

Eine einfache, aber für die Praxis hilfreiche Definition beschreibt einen Konflikt als einen unvereinbaren Gegensatz. Eine Vorstellung oder ein Handlungswunsch der einen Person/Gruppe schließt die Vorstellung oder den Handlungswunsch einer anderen Person/Gruppe aus. Im Konflikt geht es um „entweder – oder". Damit aus einem Gegensatz tatsächlich ein Konflikt erwächst, muss das Durchsetzen der eigenen Vorstellung zusätzlich für mindestens eine der beteiligten Parteien als bedeutungsvoll eingestuft werden.

Unvereinbare Gegensätze

Eine Lösung kann nur unter Berücksichtigung der relevanten Gegensatzpaare gelingen. Insofern ist das Herausfiltern der unvereinbaren und beziehungsbelastenden Gegensätze der erste Schritt in Richtung Konfliktlösung!

Fallbeispiel

Merle ist aufgefallen, dass einige Kinder immer wieder ungesunde Lebensmittel in ihrer Frühstücksbox mitbringen. Aus diesem Grund möchte sie gern zweimal pro Woche ein gesundes Frühstück mit viel Obst und Gemüse anbieten. Kollegin Anna scheut den zusätzlichen Aufwand des Einkaufs und der Zubereitung; sie möchte lieber die betreffenden Eltern um gesunde Lebensmittel in der Frühstücksbox bitten. Merle und Anna tauschen sich über Vor- und Nachteile beider Ideen aus. Solange der Austausch offen und ohne beziehungsbelastende Untertöne geführt wird, handelt es sich um ein Problem. Die beiden Fachkräfte können dafür auf der Sachebene Kompromisse aushandeln. Konflikthaft könnte die Zusammenarbeit werden, wenn Merle oder Anna das Gefühl bekommen, dass eine von beiden mit deutlich erhöhtem Nachdruck die eigene Idee verfolgt und von der anderen erwartet, dass sie nachgibt. Der Gegensatz besteht dann nicht mehr nur darin, ob die Fachkräfte das Frühstück vorbereiten oder die Kinder es selbst mitbringen, sondern es geht dann zusätzlich darum, wer bestimmen darf und wer sich unterordnen muss. Man kann nicht gleichzeitig den Ton angeben und sich unterordnen – das wäre ein weiterer unvereinbarer Gegensatz. Eine Lösung dieses Konfliktes ließe sich nicht mehr ausschließlich auf der Sachebene anstreben („Frühstück mitbringen/Frühstück vorbereiten"), sondern der emotional besetzte und beziehungsbelastende Aspekt („Wer bestimmt?") müsste bei der Konfliktbearbeitung mitbedacht werden.

Definition „Konflikt"

„Ein Konflikt besteht aus einem offenen oder verborgenen Gegensatzpaar, welches für mindestens eine Partei von Bedeutung ist" (Nowak 2021, S. 17).

3. Was Konflikte so anstrengend macht

Bei den meisten Menschen lösen Konflikte Stress aus, den sie am liebsten vermeiden oder zumindest schnell wieder loswerden würden. Warum ist das so? Bei vielen Konflikten entwickeln die Beteiligten das Gefühl, die gegenseitige Anerkennung sowie der respektvolle Umgang mit (grundlegenden) Bedürfnissen seien gefährdet. Die stressauslösende Wirkung entfaltet sich zum Beispiel dadurch, dass

- man sich in besonderem Maße für die Erfüllung der eigenen Interessen und Bedürfnisse einsetzen muss,
- das Bedürfnis nach wechselseitiger Resonanz („Ich verstehe dich, du verstehst mich") gestört, eventuell sogar unterbrochen wird,
- das Bedürfnis nach Zugehörigkeit und damit akzeptierter Teil einer sozialen Gruppe zu sein, infrage gestellt wird,
- dass der Wert bzw. das Ansehen der eigenen Person grundsätzlich infrage gestellt wird (von anderen oder sich selbst),
- die berufliche Kompetenz oder Rolle der eigenen Person infrage gestellt werden.

Die eigene Einstellung zu Konflikten aufspüren

Leitungskräfte sind hohen Belastungsfaktoren ausgesetzt (s. Kap. I.6). Sie werden durch ihre Leitungsrolle möglicherweise mit entsprechenden Handlungserwartungen konfrontiert und/oder sie stellen oftmals kaum erfüllbare Ansprüche an sich selbst. Um die eigene Einstellung zu Konflikten aufzuspüren, kann es hilfreich sein, die Reflexionsfragen im nebenstehenden Kasten zu bearbeiten. Achten Sie dabei möglichst auf Ihre ersten, sehr spontanen Antworten. Sie liefern am wahrscheinlichsten Einblicke in Ihre tief verankerten Vorstellungen über Konflikte jenseits der sozialen Normen. Da Menschen dazu neigen, unter Stress auf biografisch sehr früh erworbene Handlungsmuster zurückzugreifen, lohnt es sich, diese zu kennen und zu überprüfen, ob sie aus heutiger Perspektive möglicherweise einer Überarbeitung bedürfen.

Reflexionsfragen

- Was sind Ihre spontanen Assoziationen, wenn Sie an einen Konflikt denken, der Sie tief berührt oder lange beschäftigt hat?
- Welche allgemeinen Ansichten über Konflikte haben Sie aus dieser Erfahrung abgeleitet?
- Was haben Sie in einem vergangenen Konflikt als hilfreich, was als belastend erlebt?
- Was haben Sie in Ihrem bisherigen Leben über Konflikte gelernt? Welche Vorbilder hatten/haben Sie in Bezug auf Konflikte und Konfliktverhalten?
- Welche Vorstellungen haben Sie davon, wie sich Leitungskräfte bei Konflikten verhalten sollten?
- Wenn Sie an einen konkreten Konflikt aus Ihrem Arbeitsalltag denken, wie hoch würden Sie dann Ihren Stresslevel einschätzen und inwiefern erkennen Sie biografisch erworbene Konfliktmuster?

4. Konfliktmuster und Streittypen

Um den Konfliktstress möglichst schnell wieder loszuwerden, neigen Menschen zu übereilten und impulsgesteuerten Reaktionen. Diese fallen in ihrer individuellen Ausprägung sicherlich unterschiedlich aus, dennoch kann eine Kategorisierung nach „Streittypen“ hilfreich sein, um sowohl das eigene als auch das Verhalten der anderen sowie die sich daraus ergebenden Wechselwirkungen besser verstehen zu können.

Eine anschauliche Kategorisierungsmöglichkeit liefert die metaphorische Zuordnung zu „Streittieren“ (vgl. Limmer et al. 1995, S. 2). Keines der aufgeführten „Streittiere“ ist besser als ein anderes. Die beschriebenen Vorstellungen und Reaktionsmuster erfolgen jeweils impulsiv, unreflektiert und greifen auf biografisch erworbenes Verhalten zurück. Es liegt auf der Hand, dass derartige Reaktionen untauglich sind, einen Konflikt konstruktiv und in gegenseitigem Respekt zu bearbeiten.

Löwe

- Konfliktmuster Angriff: Ich muss auf jeden Fall Macht und Kontrolle behalten und meine Position verteidigen. Ich darf keine Schwäche zeigen oder Fehler machen. Es geht immer um Sieg oder Niederlage. Ich wende viel Energie auf und „kämpfe“ für meine Überzeugungen und dafür, dass ich in jedem Fall recht habe. Außerdem werde ich auf diese Weise gesehen und gehört.
- Subjektiver Vorteil: Selbstschutz und das Gefühl von Überlegenheit, Macht und Unangreifbarkeit.
- Gefahr: Nachhaltige bzw. schwerwiegende Verletzung der Konfliktpartner. Menschen in der Umgebung ziehen sich zurück oder sprechen aus Angst Probleme nicht mehr an. In der Folge kommt es zur Entstehung „blinder Flecken“, weil das Feedback von außen ausbleibt.

Schnecke

- Konfliktmuster Paralyse: Konflikte sind bedrohlich und ich muss mich schützen. Die anderen sind stärker als ich. Wenn ich meine Interessen oder Gefühle offen zeige, mache ich mich noch angreifbarer. Deshalb baue ich einen Panzer auf und lasse mir von außen nicht anmerken, wie es in mir aussieht und welche Bedürfnisse ich habe. Die anderen um mich herum können so viel Energie aufwenden, wie sie wollen, ich reagiere darauf nicht.
- Subjektiver Vorteil: Selbstschutz und die Schonung eigener Energiereserven. Das Gefühl von Unangreifbarkeit, wenn andere versuchen, durch den Panzer zu dringen und sich an diesem abzuarbeiten.
- Gefahr: Der Rückzug ins Schneckenhaus wirkt auf die Konfliktpartner*innen unter Umständen provokativ und ignorant, weil sie sich nicht gesehen und gehört fühlen. Diese verstärken den Druck, was wiederum den Konfliktstress erhöht. Zudem besteht keine Chance, aktiv etwas zu gestalten und eigene Bedürfnisse und Interessen konstruktiv auszudrücken.

Igel

- **Konfliktmuster Verteidigung:** In Konfliktsituationen versuche ich vor allem, mich zu schützen. Ich igele mich ein und versuche dabei, die Schwachstellen bei anderen zu finden. Wenn sie mich weiter attackieren, fahre ich meine Stacheln aus und steche dahin, wo es richtig wehtut. Dabei gehe ich auch manchmal in Deckung und warte auf den richtigen Moment.

- **Subjektiver Vorteil:** Selbstschutz und Selbstaufwertung („Die anderen sind auch nicht perfekt"), das Gefühl von Überlegenheit und Kontrolle, wenn man andere unvorbereitet im richtigen Moment schmerzhaft trifft.
- **Gefahr:** Ich bin für andere schwer einschätzbar, da die Verteidigungsreaktion von Konfliktpartner*innen häufig als überraschender Angriff wahrgenommen wird. Das kann Unsicherheit und den Verlust von Vertrauen sowie Distanz und Rückzug zur Folge haben.

Reh

- **Konfliktmuster Flucht:** Konflikte bedeuten grundsätzlich eine Gefahr, denn ich kann nicht einschätzen, was passiert. Ich habe Angst, dass die anderen stärker sind als ich, und verlasse lieber die Situation, als mich einer womöglich gefährlichen Auseinandersetzung zu stellen. Wenn ich nicht mehr anwesend bin, laufen die anderen mit ihrem Anliegen ins Leere, können mich nicht mehr verletzen und ich habe wieder meine Ruhe.
- **Subjektiver Vorteil:** Selbstschutz und kurzfristige Entlastung, Verdrängung des Problems.

- **Gefahr:** Wer sich entzieht, kann Konflikte nicht bearbeiten, sodass sie möglicherweise chronisch werden oder weiter eskalieren. Die Gefahr der Eskalation besteht vor allem dann, wenn die Konfliktpartner*innen das Gefühl haben, mit ihren Bedürfnissen und Emotionen nicht wahrgenommen und alleingelassen zu werden. Wer sich Konflikten entzieht, verliert unter Umständen das Gefühl von Handlungsfähigkeit und Selbstwirksamkeit.

Treffen nun bestimmte Konflikttypen in einem Konfliktfall aufeinander, müssen sie besonders achtsam agieren. Gerät zum Beispiel ein „Löwe" (Konfliktmuster Angriff) an ein „Reh" (Konfliktmuster Flucht), dann sind beide enorm gefordert. Beide müssen ihr jeweiliges impulsiv gesteuertes Reaktionsmuster im Zaum halten, um eine konstruktive Konfliktlösung nicht unnötig zu gefährden. Je ausgeprägter die oben beschriebenen Verhaltensweisen ausgelebt werden, umso schwieriger wird es, einen Konflikt konstruktiv zu bearbeiten. Gleichzeitig zeugen alle impulsgesteuerten Reaktionen wie Herumbrüllen, Schweigen, Weglaufen oder Türen knallend den Raum verlassen von einem dysfunktionalen Versuch, sich selbst zu schützen. Ein derartiges Verhalten veranlasst andere gern dazu, die Person in ihrer Gesamtheit abzuwerten: „Wer sich so verhält, mit dem will ich nichts mehr zu tun haben!" Sobald aber anerkannt wird, dass sich hinter solchem Verhalten möglicherweise Verletzungen und ein dysfunktionaler Versuch des Selbstschutzes verbergen, gelingt es leichter, zwischen Person und Verhalten zu trennen: „Du als Person bist okay, auch wenn dein Verhalten gerade wenig zur Konfliktlösung beiträgt."

Die folgenden Fragen können helfen, unproduktive Verhaltensweisen aufzudecken und die am Konflikt Beteiligten einzuladen, wieder Verantwortung für ihr Handeln zu übernehmen.

- „Finden Sie das Verhalten, das Sie gerade zeigen, hilfreich, um das Problem zu lösen?"
- „Was brauchen Sie, damit wir Ihr und/oder mein Anliegen in Ruhe und offen besprechen können?"

Reflexionsfragen

- Welche der vier genannten Streittypen erscheinen mir besonders vertraut?
- Mit welchen Streittypen habe ich es in meinem Arbeitsalltag häufiger zu tun?
- Mit welchen Mustern kann ich leicht, mit welchen schwer umgehen?
- Welche Trigger führen dazu, dass ich die Reaktionsmuster meines „Lieblingsstreittieres" aktiviere?
- Was würden ich gern im Hinblick auf mein eigenes Konfliktverhalten verändern und was würde mir dadurch leichter fallen?

Je genauer man seine eigenen Konfliktmuster kennt, umso eher lässt sich verhindern, unbewusst in „Konfliktfallen“ zu tappen. Die links unten stehenden Reflexionsfragen regen dazu an, sich eigener Muster und Einstellungen bewusst zu werden. Teams können das Modell der „Streittiere“ nutzen, um ein wechselseitiges Verständnis für Konfliktmuster aufzubauen. Gemeinsam kann erarbeitet werden, wer sich zu welchem Streittier hingezogen fühlt und wodurch jeweils Konfliktbearbeitungen erschwert bzw. erleichtert werden. Das Wissen um die jeweiligen Konfliktmuster der Kolleg*innen kann einen achtsamen Umgang miteinander befördern, sodass sich konstruktive Konfliktlösungen leichter entwickeln lassen.

Die drei Ebenen der Konfliktfähigkeit

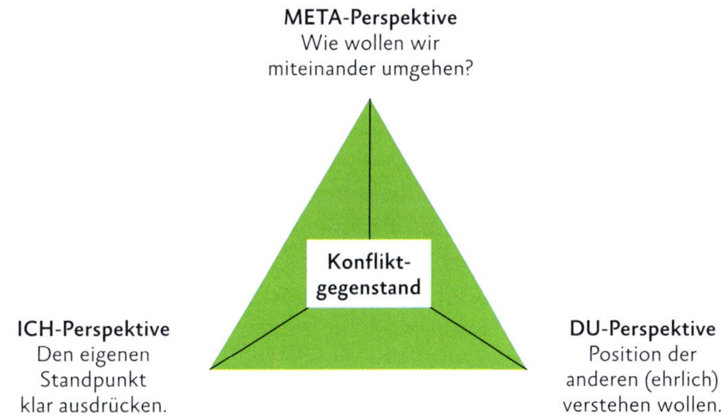

5. Konfliktfähigkeit

Voraussetzung dafür, dass ein Konflikt konstruktiv bearbeitet werden kann, ist ein Mindestmaß an Konfliktfähigkeit aller Beteiligten. In dem folgenden Modell wird das notwendige Zusammenspiel dreier aufeinander bezogener Faktoren dargestellt. Nur wenn die Konfliktbeteiligten in der Lage und willens sind, während einer Konfliktbearbeitung alle Positionen des Dreiecks zu berücksichtigen, kann von einer tragfähigen Konfliktfähigkeit ausgegangen werden. Zeigt sich, dass ein*e Konfliktbeteiligte*r nicht fähig oder willens ist, alle drei Ebenen aktiv anzusteuern, lässt sich der Konflikt in den meisten Fällen nicht konstruktiv und nachhaltig lösen.

Den drei Ebenen der Konfliktfähigkeit – Ich-Perspektive, DU-Perspektive, META-Perspektive – lassen sich bestimmte Verhaltensweisen zuordnen.

ICH-Perspektive bedeutet:

- Konfliktsignale wie entsprechende Gedanken oder Gefühle eindeutig sowie möglichst frühzeitig bei sich selbst wahrnehmen.
- Eigene Interessen und/oder Gefühle als „Ich-Botschaft“ ausdrücken.

Ich-Botschaften senden

- Auf konfliktverschärfende Handlungen wie z. B. Lästern oder das Senden abwertender körpersprachlicher Signale (Augen rollen etc.) verzichten.
- Eigene Anteile am Konfliktgeschehen anerkennen.
- Das Notwendige mutig ansprechen, Unnötiges raushalten – keine Generalabrechnungen.

DU-Perspektive bedeutet:

- Konfliktsignale der anderen Partei möglichst differenziert und umfassend wahrnehmen.
- Es besteht ein ernsthaftes und ehrliches Interesse daran, die Bedürfnisse, Anliegen oder Intentionen der anderen Partei wahrzunehmen und zu verstehen (Perspektivwechsel). Das bedeutet nicht, dass man die gegnerischen Positionen teilt.
- Eindeutige Signale aussenden, dass die Bereitschaft zum Perspektivwechsel besteht, z. B. durch Blickkontakt, Verständnisfragen oder Ausredenlassen. Überlegen, was dem/der anderen helfen könnte, sich auf eine Lösung oder einen Kompromiss einzulassen (vgl. Lukas 2008).

Lösungsorientiert denken

META-Perspektive bedeutet:

- Es besteht eine grundsätzliche Bereitschaft zur Konfliktlösung.
- Methoden der Konfliktbearbeitung sind bekannt und werden angewendet. Kommunikationsregeln werden gemeinsam ausgehandelt und verbindlich festlegt.

6. Konflikte im Arbeitskontext

Konflikte im beruflichen Umfeld folgen zunächst den dynamischen „Gesetzmäßigkeiten“, die für alle Konflikte gelten. Dennoch muss hier stets mitbedacht werden, dass weder Mitarbeitende noch Leitungskräfte sich nur als Personen streiten, sie streiten immer auch als Repräsentant*innen ihrer beruflichen Rolle. Insofern darf nicht aus dem Blick geraten, welche Auswirkung ein Konflikt auf das professionelle Handeln und die Erfüllung des beruflichen Auftrags hat. Es kann sich als hilfreich herausstellen, einmal aufzulisten, wer alles von der Befriedung eines Konfliktes profitieren würde.

Bei Konflikten im Arbeitskontext müssen drei untrennbar miteinander verknüpfte Ebenen gleichermaßen berücksichtigt werden:

- Alle Beteiligten agieren als **Personen** mit (biografisch erworbenen) Werten, Ansichten, Bedürfnissen.

Persönliche Ebene

- Der **Arbeitskontext**, der durch den Konflikt beeinflusst wird, muss im Mittelpunkt der Konfliktbearbeitung stehen.

Arbeitsebene

- **Berufliche Rollen sowie Hierarchieebenen** haben sowohl Einfluss auf den Konflikt selbst als auch auf die Möglichkeiten seiner Bearbeitung. Ein Konflikt zwischen zwei gleichgestellten Teamkolleg*innen wird vermutlich anders ausgetragen als ein Konflikt zwischen Leitungskraft und pädagogischen Mitarbeiter*innen oder ein Konflikt zwischen pädagogischen Mitarbeiter*innen und Eltern.

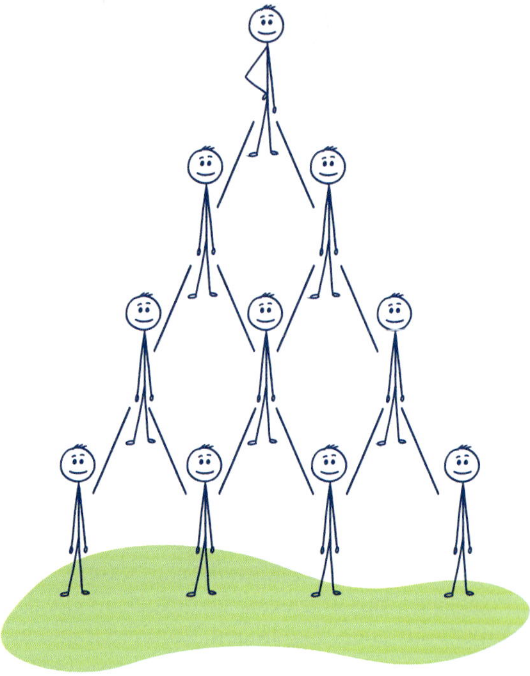

Hierarchie-Ebene

Das Ziel der Bearbeitung eines Konflikts im beruflichen Umfeld muss darin bestehen, die Arbeitsfähigkeit aller Mitarbeiter*innen im Sinne der Einrichtungsziele wiederzuerlangen oder aufrechtzuerhalten.

Konfliktkompetenz von Leitungskräften

Leitungskräfte sind aufgrund ihrer Position in Konflikten besonders gefordert. Sie agieren niemals nur als Person, sondern immer auch aus ihrer Position heraus. Allen Beteiligten ist stets bewusst, dass Leitungskräfte mit mehr Verantwortung und Macht ausgestattet sind, sodass sie notfalls auch formal disziplinierend oder anweisend in einen Konflikt eingreifen könnten. Um aus der Leitungsrolle Konflikte mit Bedacht und konstruktiv bearbeiten zu können, haben sich die folgenden Kompetenzbereiche als beachtenswert herausgestellt:

- **Selbstreflexion:** Leitungskräfte haben in Konflikten eine exponiertere Stellung als Mitarbeitende. Insofern ist es besonders notwendig, sich dieser Rolle bewusst zu sein, eigene Anteile am Konfliktgeschehen wahrzunehmen, biografisch erworbene Konfliktmuster zu kennen und gegebenenfalls zu bearbeiten.
- **Rollenklarheit:** Eine Leitungskraft vertritt die Einrichtungsziele und -interessen. Sie hat den Auftrag, sich dafür einzusetzen, dass alle Mitarbeitenden Arbeitsbedingungen vorfinden, die professionelles Arbeiten ermöglichen. Im Konfliktfall ist sie gefordert, dafür zu sorgen, dass die Arbeitsfähigkeit aller Beteiligter möglichst schnell wieder hergestellt wird. Gegebenenfalls muss sie von ihrer Macht Gebrauch machen und disziplinarisch eingreifen, indem sie entsprechende Gespräche führt, Teams neu zusammenstellt oder auch rechtliche Schritte unternimmt, wie zum Beispiel Abmahnungen auszusprechen. Für diejenigen, die sich scheuen, ihre Macht im Ernstfall auch zu nutzen, sei darauf hingewiesen, dass das Nichtnutzen von Macht als eine Form des Machtmissbrauchs einzuordnen ist und zu einer Verstetigung oder Eskalierung eines Konfliktes führen kann.
- **Professionelle Distanz:** Während eines Konfliktes kann es vorkommen, dass Mitarbeitende starke Emotionen ausdrücken. Es ist notwendig, auch in derartigen Situationen genügend Distanz zum Konfliktgeschehen zu behalten, sodass Sie als Leitungskraft denk- und handlungsfähig bleiben (Affektansteckung vermeiden).
- **Impulskontrolle:** Selten sind Konflikte einfach oder gar schnell zu lösen. Es hat sich daher als sinnvoll erwiesen, den ersten Handlungsimpuls zu unterdrücken und zunächst den Versuch zu unternehmen, die verschiedenen Positionen genauer zu verstehen. Erst nach dieser Analyse kann begründet entschieden werden, wer mit wem zu welchem Thema ein Gespräch führen muss. Diese Anstrengung lohnt sich, sie spart auf Dauer viel Energie.
- **Analysekompetenz:** Das Wissen über die Dynamik von Konflikten sowie die Kenntnis geeigneter Methoden zur Konfliktbearbeitung erleichtern den Prozess der Konfliktklärung. Gleichzeitig zeigt sich oft erst durch eine genaue Analyse des Konfliktes, ob die Grenzen der internen Bearbeitungsmöglichkeiten bereits erreicht sind und externe Unterstützung notwendig wird. Bei einem Mobbingverdacht wäre dies beispielsweise unerlässlich (vgl. Kap. IV.8).

Die Position der Leitung geht mit Verantwortung und Macht einher.

II. Konfliktdynamiken verstehen

1. Eskalationsstufen

Auch wenn jeder Konflikt in seiner Einzigartigkeit erkannt, verstanden und behandelt werden muss, unterliegen Konflikte durchaus vergleichbaren Eskalationsdynamiken.

Wenn keiner der betroffenen Akteur*innen oder eine außenstehende Person deeskalierend eingreift, wird sich der Konflikt stetig zuspitzen, bis die Situation eskaliert. Ungelöste Konflikte können zudem die unangenehme Eigenschaft entwickeln, sich im System unter Mitarbeiter*innen und/oder Eltern auszubreiten. Um dies zu verhindern, zahlen sich eine frühzeitige und offene Bearbeitung sowie eine möglichst genaue Analyse des jeweiligen Konfliktfalles aus.

Bis sich aus den ersten kleinen Irritationen ein hoch eskalierter Konflikt entwickelt hat, durchläuft ein konflikthaftes Geschehen typischerweise unterschiedliche Phasen. Glücklicherweise lassen sich viele Konflikte auflösen, bevor sie eskalieren. Es ist aber davon auszugehen, dass alle Konflikte zumindest die ersten sogenannten Eskalationsstufen durchlaufen. In welcher Geschwindigkeit sich ein Konflikt entwickelt, hängt allerdings von unzähligen, nicht vorhersehbaren Faktoren ab.

Eines der bekanntesten Eskalationsmodelle ist das neunstufige Modell von Friedrich Glasl (vgl. Glasl 1999). Es wurde entwickelt, um insbesondere professionellen Konfliktmanagern ein Diagnoseinstrument an die Hand zu geben, mit dem sich auch sehr hoch eskalierte Konflikte analysieren lassen. Für Leitungskräfte in Kindertagesstätten ist das fünfstufige Modell von Nowak (vgl. Nowak 2021, S. 74 ff.) praktikabler, weil es insbesondere bei kleineren, niedrig eskalierten Konflikten konkrete Hinweise liefert, welche Interventionen (konstruktives Eingreifen in das Konfliktgeschehen) jeweils genutzt werden können, um den Konflikt zu bearbeiten.

Eskalationsmodelle beschreiben die typischen Phasen eines Konflikts.

Der Übergang von einer Stufe zur nächsten lässt sich nicht immer trennscharf wahrnehmen, und nicht immer befinden sich alle Beteiligten bereits auf der gleichen Eskalationsstufe. Grundsätzlich gilt, dass die nächste Eskalationsstufe erreicht ist, sobald mindestens ein/eine Beteiligte*r sie erreicht hat.

Ein über alle Eskalationsstufen hinweg mitgeführtes Beispiel soll verdeutlichen, wie sich die Konfliktdynamik langsam, aber stetig entwickelt. Gleichzeitig werden für jede Stufe mögliche Ausstiegsszenarien angedeutet.

Stufe 1: Latenter Konflikt – unbewusste Gegensätze

Den Beteiligten ist das Konfliktpotenzial noch nicht bewusst. Außenstehende bemerken eventuell bereits leichte Unstimmigkeiten, aber sie werden von den Beteiligten geleugnet oder bagatellisiert. Insofern kann man auf dieser Stufe noch nicht von einem Konflikt im eigentlichen Sinne sprechen. Der Gegensatz, der zum Konflikt führen könnte, ist nur im Ansatz erkennbar. Da die Konfliktparteien das konfliktträchtige Gegensatzpaar noch nicht selbst erkennen können, sind Sie als Leitungskraft möglicherweise besonders gefordert.

Interventionsmöglichkeiten bzw. Präventionsmaßnahmen auf der 1. Eskalationsstufe:

- Beobachten Sie aufmerksam die Entwicklung des von Ihnen vermuteten Konflikts.
- Fragen Sie vorsichtig nach, schildern Sie (ebenfalls vorsichtig) Ihre Wahrnehmung.
- Ermutigen Sie gegebenenfalls die Konfliktparteien, den Gegensatz frühzeitig zu formulieren.
- Verzichten Sie auf Problematisierungen; eventuell löst sich der vermutete Konflikt von allein wieder auf.

Fallbeispiel

Jutta ist stolze Großmutter und freut sich, dass ihr Enkelkind Jonas seit kurzer Zeit in ihre Gruppe geht. Als Leitungskraft ist Ihnen bewusst, dass derartige Konstellationen aufgrund der Doppelrolle (Großmutter/Erzieherin) potenziell konfliktträchtig sind. Aus organisatorischen Gründen ließ sich eine andere Gruppenzusammensetzung aber nicht realisieren. Sie beobachten daher aufmerksam, wie sich Jonas' Eingewöhnung entwickelt. Dabei fällt Ihnen auf, dass Ihre Mitarbeiterin Sofia in letzter Zeit sowohl das Thema Gerechtigkeit als auch die Notwendigkeit der Gleichbehandlung aller Kinder häufig thematisiert. Sie haben ebenfalls eine Situation beobachtet, in der Jutta ihr Enkelkind eindeutig bevorzugte.

Interventionsmöglichkeit für das Fallbeispiel

Als Leitungskraft laden Sie Sofia und Jutta zu einem Gespräch ein, in dem Sie nachfragen, wie die Eingewöhnung des Enkels vorangeht und wie Jutta mit ihrer Doppelrolle zurechtkommt. Sie schildern die von Ihnen beobachtete Situation in Form einer Problemansprache (vgl. Kap. III.1), sodass Jutta ein Bewusstsein für die Problematik entwickeln kann und Sofia sich mit ihren Wahrnehmungen gesehen und ernst genommen fühlt. Sie könnten auch Sofia ermutigen, ihre Sicht der Dinge zu schildern, sodass Jutta ihre Selbst- und Fremdwahrnehmung

Leichte Unstimmigkeiten

neu justieren kann. Sollte es in diesem Gespräch zu wechselseitigen Vorwürfen, beziehungsbelastenden Emotionen oder beleidigtem Rückzug kommen, ist vermutlich bereits Eskalationsstufe 3 erreicht. Aus einem latenten Gegensatz ist damit ein – vermutlich noch leicht zu bearbeitender – Konflikt erwachsen.

Stufe 2: Bewusste, relevante, aber nicht geäußerte Gegensätze

Der Gegensatz und der damit verbundene Konflikt sind den Beteiligten bewusst, der Konfliktgegenstand wird in dieser Phase aber noch nicht offen benannt. Eventuell besteht noch die Hoffnung, dass sich der Konflikt „von allein" löst. Vielleicht verbirgt sich hinter der Zurückhaltung auch eine Scheu, jemanden zu verletzen, oder die Sorge, durch eine offene Aussprache alles nur noch schlimmer zu machen.

Auf dieser Stufe können Konflikte über einen langen Zeitraum schwelen. Es besteht allerdings die Gefahr, dass die Konfliktparteien heimlich beginnen, „Beweise" für das vermeintliche Fehlverhalten der anderen Konfliktpartei zu suchen. Ähnlich wie bei einem „Bonusheft" wird für jedes Fehlverhalten der anderen Partei jeweils eine „Marke" eingeklebt. Die „Beweise" für „unmögliches" Verhalten der Gegenseite summieren sich auf. Für den anderen unbemerkt ist das Bonusheft irgendwann voll und die letzte „Marke" bringt das Fass zum Überlaufen. Es entlädt sich dann die emotionale Energie aller angesammelten „Beweise" auf einmal. Der Anlass für den tatsächlichen Ausbruch des Konfliktes ist für die andere Partei unter Umständen nicht nachvollziehbar. Die vielen vorherigen Konfliktsignale wurden entweder ausgeblendet oder konnten tatsächlich nicht wahrgenommen werden. Das gedankliche Anlegen eines derartigen „Konfliktbonusheftes" gilt als sehr ernst zu nehmendes Konfliktsignal.

Der Konflikt schwelt unausgesprochen vor sich hin.

Interventionsmaßnahmen auf der 2. Eskalationsstufe:

- Den Konfliktgegenstand klar benennen. Konflikte auf dieser niedrigen Eskalationsstufe lassen sich noch sehr gut im direkten Kontakt beispielsweise durch die Methode der „Problemansprache" (vgl. Kap. III.1) lösen.
- Auf indirekte Kommunikationssignale, sogenannte Double-Bind-Botschaften (vgl. Kap. IV.5) verzichten. Packen Sie keine Aussagen zwischen die Zeilen. Im Konflikt müssen diese Zwischenräume ungenutzt bleiben; sie regen zu Missverständnissen und dysfunktionaler Fantasiebildung an. Falls Sie das Gefühl haben, das Gegenüber nutzt indirekte Aussagen, fordern Sie zu konkreten Aussagen auf: „Ich höre Zwischentöne und verstehe noch nicht ganz genau, was Sie meinen. Können Sie bitte noch einmal genau sagen, was Ihr Anliegen, Bedürfnis oder Ihre Absicht ist?"
- Gegenseitig Feedback geben, ohne dabei den anderen oder sich selbst abzuwerten. Nutzen Sie Ich-Botschaften. „Bei richtig ausgesprochenen Ich-Botschaften fordern Sie nichts, sondern lassen Ihr Gegenüber nur wissen, was Sie bewegt oder was Ihnen Sorge macht" (Glasl 2015, S. 129).
- Gemeinsam nach Lösungen, falls nötig, nach tragfähigen Kompromissen suchen.

Leitungskräfte müssen damit rechnen, dass die Lösung derartiger Konflikte von den Konfliktparteien gern delegiert wird. Insbesondere neue Leitungskräfte, Supervisor*innen oder auch Fachberatungen bekommen in diesen Fällen einen allgemein formulierten Auftrag, beispielsweise etwas zur Verbesserung der Stimmung im Team zu unternehmen oder etwas zu bestimmten Themen anzubieten. Mit diesem Anliegen kann die zumeist unberechtigte Hoffnung verbunden sein, dass eine Aussprache oder Konfliktbearbeitung überflüssig wird, weil die gegnerische Partei durch derlei Angebote bemerkt, dass sie ihr Verhalten ändern müsste. Leitungskräfte sind gut beraten, wenn sie bei etwas diffus wirkenden Vorschlägen oder Themenwünschen genau nachfragen, welche Ziele und Hoffnungen sich hinter dem Vorschlag verbergen.

Fallbeispiel

Jutta scheint kaum zu bemerken, dass sie ihren Enkel immer wieder in Schutz nimmt, ihm viel Aufmerksamkeit zukommen lässt und ihn eindeutig den anderen Kindern vorzieht. Sofia hingegen nimmt diese Situationen jetzt immer bewusster wahr. Sie ist zunehmend genervt, ihr Gerechtigkeitssinn ist alarmiert und sie erzählt jetzt häufiger ihren Freundinnen von diesen Situationen. Sie beginnt ihre Erzählungen mit: „Stell dir mal vor, jetzt hat doch meine Kollegin ...!" Sofia hat also offensichtlich ein „Konflikt-bonusheft" angelegt. In der Dienstbesprechung äußert sie den eher allgemeinen Wunsch, sich mal mit dem Thema Werte zu beschäftigen. Sie hofft, dass sie dadurch den ihr so wichtigen Wert Gerechtigkeit platzieren kann. Jutta bemerkt, dass sich die Stimmung zwischen ihr und Sofia merklich abgekühlt hat und die Kollegin nur noch wenig Kontakt zu Jonas aufnimmt. Sie kann sich Sofias Verhaltensänderung nicht recht erklären und vermutet, dass Sofia Jonas nicht mag. Das bedauert sie sehr.

Interventionsmöglichkeit für das Fallbeispiel

Sofia sucht das Gespräch beispielsweise während der Vorbereitungszeit: „Jutta, ich schätze unsere Zusammenarbeit, aber ich habe häufiger den Eindruck, dass du deinen Enkel vorziehst. Ich finde das manchmal etwas ungerecht und ich würde mich freuen, wenn du mit der Doppelrolle Großmutter/Erzieherin achtsamer umgehen würdest. Die Situation ist ja auch für Jonas schwierig. Auch er muss eine Doppelrolle bewältigen, weil er einerseits dein Enkel und andererseits eines von 20 Kindern in unserer Gruppe ist."

Stufe 3: Manifester Konflikt – Phase der „diskutierten Gegensätze"

In dieser Phase besteht für alle Beteiligten kein Zweifel mehr, dass es einen Konflikt gibt. Diese dritte Stufe kann auch als Konfliktlösungsebene bezeichnet werden. Eine konstruktive Beendigung des Konflikts kann insbesondere dann erreicht werden, wenn es gelingt, die zugrunde liegenden Interessen und Bedürfnisse der Beteiligten zutage zu fördern. Der für den Konflikt relevante Gegensatz muss erkannt und benannt werden (vgl. Nowak 2021, S. 76). Die Beteiligten haben in dieser Phase ein ehrliches Interesse daran, den Konflikt konstruktiv und nachhaltig zu lösen. Das schließt nicht aus, dass es je nach Temperament zu emotionalen Ausbrüchen kommen kann. Derartige Ausbrüche können sich zwar konfliktverschärfend auswirken, zeigen aber zugleich das Maß der jeweiligen Betroffenheit. Gefährlich wird der Ausdruck starker Emotionen erst dann, wenn Emotionen in erster Linie der psychischen Entlastung dienen und eine Bearbeitung dadurch unmöglich gemacht oder die andere Partei in unangemessener Weise beschimpft wird. Angemessen ausgedrückte Emotionen verdeutlichen, was für den/die Einzelne*n bedeutsam ist, welche Befürchtungen im Spiel sind oder inwiefern auf bereits erfolgte Verletzungen reagiert werden muss.

Interventionsmaßnahmen auf der 3. Eskalationsstufe:
Nur auf dieser Stufe ist eine konstruktive Konfliktbearbeitung mit Aussicht auf Konfliktlösung möglich. Insofern ist es wichtig, den Konflikt auf dieser Stufe zu halten, ohne ihn weiter eskalieren zu lassen. Techniken und Methoden, wie sie in den nachfolgenden Kapiteln (vgl. Kap. III) beschrieben werden, sind geeignet, eine entsprechende Konfliktbearbeitung vorzunehmen. Grundlegende Voraussetzung für eine gelingende Konfliktbearbeitung ist die Konfliktfähigkeit aller beteiligten Personen (vgl. Kap. I.5).

Fallbeispiel

Sofia spürt, dass ihre bisher gute Zusammenarbeit mit Jutta allmählich ernsthaft gefährdet ist. Sie bemerkt, dass sie Jutta aus dem Weg geht. Die Leichtigkeit ist fast vollständig aus ihrer Beziehung verschwunden. Das bedauert sie sehr, kürzlich musste sie sogar mit den Tränen kämpfen, als sie ihrer Freundin die aktuelle Situation beschrieb. Sofia ist jetzt bereit, sich dem Konflikt zu stellen. Sie hat den ehrlichen Wunsch, zu verstehen, was Jutta bewegt, ihren Enkel so zu behandeln.

Interventionsmöglichkeit für das Fallbeispiel

Sofia wählt eine aussagekräftige Situation aus und beschreibt diese möglichst interpretationsfrei. Dann stellt sie dar, dass sie sich über Juttas Vorgehen ärgert und dass es ihrem Gerechtigkeitssinn widerspricht. Außerdem äußert sie ihre Sorge, dass die Qualität ihrer Zusammenarbeit gefährdet wird. Sie formuliert

Ernsthafter Wunsch nach Lösung

den Wunsch, dass alle Kinder gleich behandelt werden und dass die Zusammenarbeit wieder die gewohnte Leichtigkeit bekommt (vgl. „Problemansprache“, Kap. III.1).

Für Sofia handelt es sich zunächst um einen Wertekonflikt, der sich allerdings in einem Rollenkonflikt von Jutta manifestiert. Vermutlich müsste vor allem der Rollenkonflikt bearbeitet werden, in dem Jutta steckt. Der Wertekonflikt könnte sich damit leicht auflösen, denn auch Jutta findet Gerechtigkeit wichtig. Würde lediglich der Aspekt der Gerechtigkeit in den Blick genommen, ließ sich dieser Konflikt vermutlich nicht dauerhaft auflösen. Stattdessen müsste mit Jutta erarbeitet werden, wie sie ihren beiden Rollen gerecht werden kann. Eventuell kann sie einem Gruppenwechsel für Jonas zustimmen. Als Leitungskraft müssten Sie die organisatorische Möglichkeit für diesen Gruppenwechsel schaffen.

Stufe 4: Überlagerter Konflikt

Ab dieser Stufe nehmen Verzerrungen in der Wahrnehmung deutlich zu und dominieren zunehmend das Konfliktgeschehen (vgl. Kap. II.2). Alle Äußerungen und Handlungen der gegnerischen Partei werden vor dem Hintergrund des Konfliktes gedeutet. Es werden wechselseitig unlautere Intentionen unterstellt: „Das macht der/die doch nur, weil ...“ Grundsätzliche moralische Aspekte wie Gerechtigkeit oder Ehrlichkeit bekommen ein zunehmendes Gewicht. Die Bedeutsamkeit der eigenen Ziele wird mit eben diesen Kategorien gerechtfertigt. Zugleich werden Handlungen der gegnerischen Partei aufmerksam beobachtet und wo immer möglich abgewertet, ebenfalls häufig unter moralisch-ethischen Aspekten. Die Bereitschaft, die eigene Position kritisch zu prüfen und gegebenenfalls Kompromisse zu akzeptieren, nimmt ab. Konfliktverschärfend kommt hinzu, dass bei zunehmender Eskalation nicht nur das Verhalten der Konfliktpartner kritisiert, sondern die gesamte Person verurteilt wird. Zwischen Person und Verhalten wird kaum noch unterschieden.

Verzerrte Wahrnehmung

Auf dieser Stufe besteht die Gefahr, dass sich der Konflikt im gesamten Kollegium ausbreitet, sodass es auch für Unbeteiligte kaum noch möglich erscheint, sich aus dem Konflikt herauszuhalten. Sie werden mitunter sogar aufgefordert, sich zu positionieren. Der Flurfunk übernimmt eine wichtige Rolle, um die schnelle Ausbreitung konflikthaft interpretierter Verhaltensweisen zu gewährleisten. „Hast du schon gehört, ...“, „Stell dir mal vor, ...“ oder „Findest du nicht auch, dass ...“ sind beliebte Satzanfänge, die das Gegenüber in die gewünschte Stimmung versetzen sollen (vgl. „manipulative Spiele“ Kap. IV.6).

Interventionsmaßnahmen, die eine Rückkehr auf Eskalationsstufe 3 ermöglichen:

- Eine grundsätzliche Bereitschaft zur Konfliktlösung herbeiführen. Die drei Ebenen der Konfliktfähigkeit können bei der Analyse genutzt werden, um Defizite ausfindig zu machen:
  - Wird die eigene Position angemessen klar ausgedrückt?
  - Ist der tatsächliche konflikthafte Gegensatz allen Beteiligten bewusst?
  - Wurde ein ernsthafter Versuch unternommen, das Anliegen der gegnerischen Partei zu verstehen?
  - Haben sich alle Beteiligten auf ein Verfahren zur Bearbeitung des Konfliktes geeinigt?
- Kontrollierter Dialog, bei dem jeweils die Argumente der einen Partei von der anderen Partei wiederholt werden, um sicherzustellen, dass es zu einer Übereinstimmung im Verständnis kommt.
- Vorurteile und Annahmen über die Intentionen der gegnerischen Partei benennen und wo nötig wechselseitig geraderücken. Anregungen zu dieser Intervention finden sich in Kap. III.4, Stichwort: „Selbstbild, Fremdbild, vermutetes Fremdbild“. Auch wenn es dort um Konflikte zwischen Gruppen geht, lassen sich einige der dort notierten Reflexionsfragen ebenfalls in interpersonalen Konflikten nutzen.
- Verletzungen, Enttäuschungen, Befürchtungen benennen und im tatsächlichen Ausmaß für die andere Partei sichtbar werden lassen.

Fallbeispiel

Sofia hat das Gespräch mit Jutta doch nicht gesucht, es hat sich einfach nicht ergeben. Inzwischen ist das Verhältnis zu Jutta so stark abgekühlt, dass auch Kolleg*innen das bemerkt und

Sofia angesprochen haben. Sofia reagiert folgendermaßen: „Gut, dass du mich ansprichst. Ich habe schon überlegt, ob ich mir das alles nur einbilde, aber es ist echt unerträglich. Jutta bevorzugt ihren Enkel, wo es nur geht. Die anderen Kinder ziehen sich schon zurück und der kleine Prinz fordert beim geringsten Anlass die Unterstützung seiner Oma ein, die ihm dann sofort hilfreich zur Seite springt. Das macht echt keinen Spaß und irgendwie scheint Jutta auf dem Ohr vollständig taub zu sein. Ich finde ihr Verhalten total unprofessionell und meine zaghaften Versuche, sie darauf hinzuweisen, sind alle ungehört verhallt."

Interventionsmöglichkeit für das Fallbeispiel

Spätestens jetzt muss die Leitungskraft involviert werden. Diesen Konflikt können Sofia und Jutta vermutlich nicht mehr allein lösen. Zugleich hat er Auswirkungen auf die Arbeitsfähigkeit von Sofia, vermutlich auch auf die von Jutta. In einem moderierten Konfliktgespräch (vgl. Kap. III.3) können die unterschiedlichen Standpunkte geklärt und wo nötig die bereits eingetretenen Verzerrungen in der Wahrnehmung aufgelöst werden. Auf dieser Basis können dann gemeinsam Lösungen entwickelt werden.

Stufe 5: Eskalierter Konflikt – „gemeinsam in den Abgrund"

Auf dieser Stufe geht es um Sieg oder Niederlage. Im Ernstfall riskiert man eher den eigenen Niedergang, als der gegnerischen Partei den Sieg zu gönnen. Konflikte sind hoch emotionalisiert, die Destruktivität der Emotionen schränkt die Konfliktfähigkeit aller Parteien stark ein. Perspektivwechsel werden nicht mehr vorgenommen, an vereinbarte Regeln wird sich nur noch eingeschränkt gehalten. Man sucht eher nach Regelverstößen der gegnerischen Partei, um daraus die Legitimation abzuleiten, sich jetzt auch nicht mehr an Regeln halten zu müssen. Die eigenen Konfliktanteile werden ausgeblendet und man sieht sich scheinbar gezwungen, den Gegner „niederzuringen". Dabei heiligt der Zweck die Mittel, was unweigerlich die Konfliktspirale weiter anheizt.

Spätestens auf dieser hoch eskalierten Stufe haben Leitungskräfte nicht nur den Auftrag, alle Mittel zur Konfliktlösung bereitzustellen (externe Konfliktmoderation oder Supervision), sondern sie haben ebenfalls einen Schutzauftrag allen Beteiligten gegenüber. Sie sind gefordert, wenn nötig von ihrem Disziplinarrecht Gebrauch zu machen und entsprechende Instrumente wie Kündigungen, Versetzungen, Abmahnungen oder Hausverbote auszusprechen. Sollten Leitungskräfte sich damit überfordert fühlen, ist es notwendig, dass sie ihrerseits ein entsprechendes Coaching in Anspruch nehmen oder sich an vorgesetzte Gremien des Trägers bzw. Vereins wenden. Hinsichtlich notwendiger rechtlicher Schritte sollte in jedem Fall eine entsprechende Beratung in Anspruch genommen werden, um dem Konflikt durch Rechtsunsicherheiten nicht zu weiteren „Runden" zu verhelfen.

Sich gegenseitig niederringen

Interventionsmaßnahmen auf der 5. Eskalationsstufe:

- Die Kontrahent*innen werden räumlich oder organisatorisch voneinander getrennt, um weiteren Schaden abzuwenden.
- Gegebenenfalls werden entsprechende Machtmittel (z. B. Kündigung oder Versetzung) eingesetzt, um weiteres destruktives Verhalten zu unterbinden. Mit Einsicht und Einlenken einer Konfliktpartei ist auf dieser Stufe der Eskalation nicht zu rechnen.
- Wird eine Lösung des Konfliktes angestrebt, ist es auf dieser hoch eskalierten Stufe notwendig, externe Fachkräfte in die Bearbeitung einzubeziehen. Die vorhandenen Mittel der im Vorwort angesprochenen Hausapotheke reichen jetzt nicht mehr aus.

Fallbeispiel

Ein moderiertes Gespräch hat leider nicht stattgefunden. Sofia ist inzwischen so geladen, dass sie kürzlich sogar Jonas nicht geholfen hat, als er wirklich Hilfe gebraucht hätte. Dafür schämt sie sich ein bisschen, aber dann sagt sie sich: „Ist halt so, die Situation ist eh so verfahren, da muss Jonas eben durch." Außerdem verweigert sie das Gespräch mit Jonas' Mutter und sagt in schnippischem Tonfall: „Wenden Sie sich an Jutta." Bei den Kolleg*innen klagt sie immer häufiger, wie schlecht es ihr gehe, und berichtet unter Einsatz großer Emotionen, was für eine unprofessionelle Erzieherin Jutta sei und dass sie das nicht mehr lange aushalte. Einige Kolleg*innen teilen Sofias Ansicht, andere halten zu Jutta, sodass sich jetzt auch zunehmend zwischen diesen beiden Lagern Konflikte ergeben.

Schließlich wendet sich Sofia an die Mitarbeitervertretung, ohne Sie als Leitung der Kita einbezogen zu haben, und fordert die Versetzung von Jutta in eine andere Gruppe. Jutta hingegen lässt sich vermehrt krankschreiben und ist auch ansonsten nicht mehr bereit, Aufgaben zu übernehmen, die über ihren unmittelbaren Gruppendienst hinausgehen. Sie beklagt sich über die kühle und unnahbare Art von Sofia und betont, dass dieser jede Herzenswärme für den Beruf der Erzieherin fehle.

Interventionsmöglichkeit für das Fallbeispiel

Auf dieser Eskalationsstufe sind die unmittelbar einsetzbaren Möglichkeiten begrenzt. Um den Konflikt wieder bearbeitbar zu machen, muss er auf die Eskalationsstufe drei zurückgeführt werden. In diesem Fall wird für den Bearbeitungsprozess sinnvollerweise eine externe Konfliktmoderation eingesetzt, denn die Lagerbildung im Team muss bei der Bearbeitung dieses hoch eskalierten Konfliktes ebenfalls mitbearbeitet werden. Nur wenn es Jutta und Sofia gelingt, die Gegensätze in wechselseitigem Respekt offen auszusprechen und beide in der Lage und bereit sind, die drei Ebenen der Konfliktfähigkeit (vgl. Kap. I.5) aktiv zu besetzen, lässt sich dieser Konflikt nachhaltig bearbeiten und lösen. Es ist aber davon auszugehen, dass der „Heilungsprozess" viel Aufmerksamkeit mit entsprechenden „Bilanzierungsgesprächen" erfordert und einen längeren Zeitraum in Anspruch nimmt.

Verzerrte Wahrnehmung: den anderen auf ein Bild reduzieren, dass nicht der Wirklichkeit entspricht.

2. Die Wahrnehmung verändert sich

Mit steigender Konflikteskalation kommt es vermehrt zu Veränderungen in der Wahrnehmung. „Bei Stress und in Konflikten tritt mehr und mehr eine Beeinträchtigung der sinnlichen Wahrnehmungsfähigkeit auf, wodurch die am Konflikt beteiligten Personen zu unterschiedlichen Bildern der Wirklichkeit kommen. Jede Person meint aber, dass ihr Bild das richtige sei und dass die andere Partei die Wirklichkeit verfälsche" (Glasl 2015, S. 25).

Ohne die Bereitschaft, zumindest ein minimales Verständnis für die Ansichten, Interessen und Positionen der gegnerischen Partei aufzubringen, lässt sich eine konstruktive Konfliktlösung nicht herstellen. Insofern ist es notwendig, eingetretene Verzerrungen als solche zur Kenntnis zu nehmen, sie gegebenenfalls zu konfrontieren und mit der Realität abzugleichen. Bei höher eskalierten Konflikten wird dies allerdings nicht ohne die Moderation durch eine unbeteiligte Person gelingen.

Die folgende Liste (vgl. Glasl 1999, Glasl 2015) soll einen Eindruck davon vermitteln, worauf sich Verzerrungen beziehen können:

- Die Wahrnehmung wird zunehmend selektiv, manche Dinge werden sehr genau wahrgenommen, anderes wird übersehen.
- Ärgerliche und störende Eigenschaften der gegnerischen Partei werden sehr genau registriert, positive Eigenschaften werden übersehen oder bagatellisiert.
- Komplexität wird reduziert wahrgenommen, die Dinge werden stark vereinfacht. Es kommt zu Verallgemeinerungen und Pauschalisierungen.
- Es wird nur noch verarbeitet, was zu den eigenen Vorstellungen passt, es wird nach Bestätigung von Vorurteilen gesucht.
- Die langfristigen Folgen des eigenen Tuns geraten zunehmend aus dem Blick.
- Eine gesteigerte emotionale Empfindsamkeit kann bei höher eskalierten Konflikten dazu führen, dass die Konfliktparteien sich zurückziehen und den Kontakt zur gegnerischen Partei scheuen oder verweigern. Der Konflikt erkaltet und eine Konfliktbearbeitung wird dadurch deutlich erschwert (vgl. Kap. III.4 „Erscheinungsformen von Konflikten").

Wie sich Verzerrungen (in Schwarz und in Klammern dargestellt) im Gespräch zeigen können, demonstriert das folgende Beschwerdegespräch zwischen Lara und ihrer Leitungskraft.

Fallbeispiel

Lara und Merle leiten schon lange gemeinsam eine Gruppe. Sie verstehen sich blind und sind auch privat befreundet. Als Merle schwanger wird, bekommt sie mit sofortiger Wirkung ein Beschäftigungsverbot. Lara leitet die Gruppe nun allein. Ihre als Springkraft eingesetzte Kollegin Carolin kommt zu Laras Unterstützung zur Gruppe hinzu.

Nach einigen Wochen bittet Lara ihre Leitung um ein Gespräch. Sie äußert, die Zusammenarbeit mit Carolin sei ein Desaster (Pauschalisierung). Die Kollegin sei immer sehr laut, spreche mit den Kindern eigentlich nur im Befehlston (genaue Registrierung aller störenden Eigenschaften, Pauschalisierung, Generalisierung). Die Leitungskraft äußert sich überrascht, hat sie doch gerade beobachtet, wie Carolin einer kleinen Gruppe von Kindern ein Bilderbuch vorgelesen hat.

Laras Kommentar: „Na ja, das kommt mal vor. Aber ehrlich, das ist die Ausnahme" (Bagatellisierung der positiven Eigenschaften). Weiter führt sie aus: „Wenn das so weitergeht, dann leite ich die Gruppe lieber allein, als mit Carolin weiterzuarbeiten (Ausblendung der Folgen: drohende persönliche Überlastung, mangelnde Aufsichtspflicht). Kürzlich bin ich auch von einer Kollegin angesprochen worden, die beobachtet hat, wie sehr ich unter der Situation leide. Sie hat genau wie ich wahrgenommen, dass die Zusammenarbeit ein Desaster ist! (Suche nach Bestätigung von (Vor-)Urteilen, Ausbreitung des Konflikts im System). Ich überlege ernsthaft, mich krankschreiben zu lassen oder mir einen neuen Job zu suchen." (Rückzug). Auf die Frage, ob Lara denn schon mit Carolin gesprochen habe, antwortet sie: „Das hat doch eh keinen Zweck, die hört mir gar nicht richtig zu!" (Scheu vor dem Kontakt zur gegnerischen Partei).

3. Konflikte und ihre Erscheinungsformen

Um einen Konflikt besser verstehen zu können, lässt er sich unter verschiedenen Gesichtspunkten analysieren. Im Folgenden finden Sie vier unterschiedliche Kategorien, die helfen, ein komplex erscheinendes Konfliktgeschehen zu „entwirren": sozialer Rahmen, Konfliktauslöser, Konfliktziele und Erscheinungsform von Konflikten.

Konflikte sind Knoten im Beziehungsgeflecht.

1. Sozialer Rahmen

Konflikte können in verschiedenen (sozialen) Konstellationen entstehen. Man unterscheidet zwischen intrapersonalen, interpersonalen, Intragruppen- und Intergruppenkonflikten.

Intrapersonale Konflikte entstehen, wenn persönliche Krisen, biografisch erworbene Verstrickungen oder psychische Belastungen zur Ursache von Konflikten werden. Derart belastete Personen laufen Gefahr, ihre ungelösten persönlichen Konflikte zu externalisieren und bei anderen „abzuladen". Sie neigen möglicherweise dazu, unangemessene Rücksichtnahme einzufordern oder unbegründetes Misstrauen zu säen. Solche Konflikte lassen sich nur in begrenztem Rahmen mit den Mitteln der „Hausapotheke" regeln oder gar lösen. Oft bedarf es externer Unterstützung bis hin zur Veranlassung therapeutischer Interventionen.

Intrapersonaler Konflikt

Um im beruflichen Kontext handlungsfähig zu bleiben, gilt es zu verhindern, dass persönliche Belange die professionellen Aufgaben zu stark beeinflussen oder gar beeinträchtigen. Gelingt dies nicht zuverlässig, muss die Arbeit ruhen, bis die Arbeitsfähigkeit wiederhergestellt ist.

Leitungskräfte haben in diesem Fall die Aufgabe, die Sprengkraft persönlicher Konflikte rechtzeitig zu erkennen, um eine soziale Ausweitung des Konfliktes zu verhindern. Sie müssen den betroffenen Mitarbeiter*innen nicht nur das notwendige Verständnis für deren persönlichen Probleme entgegenbringen, sondern diesen auch deutlich aufzeigen, dass das System der Einrichtung sowie die Kolleg*innen nicht grenzenlos belastbar sind. Es kann hilfreich sein, auf externe Hilfe- und Unterstützungsangebote hinzuweisen und ihre Nutzung zu ermöglichen oder gar einzufordern.

Intrapersonale Konflikte sollten möglichst keinen Raum beispielsweise in allgemeinen Dienstbesprechungen einnehmen. Derartige Konflikte müssen in kleinem Rahmen bearbeitet werden. Alle Versuche der betroffenen Person, eine Bühne für private Belastungen zu bekommen, sollten durch entsprechende Gespräche und Regelungen unterbunden werden. Allerdings müssen Leitungskräfte damit rechnen, dass sich Kolleg*innen für die Lösung intrapersonaler Probleme in unangemessener Weise verantwortlich fühlen und entweder der betroffenen Person unter die Arme greifen wollen (Retterposition, vgl. Kapitel IV.6) oder sie in ebenfalls unangemessener Weise anklagen (Verfolgerposition, vgl. Kapitel IV.6). Intrapersonale Konflikte können dadurch leicht ganze Belegschaften beschäftigen; es kommt vermehrt zu sogenannten „manipulativen Spielen", die aus dem „Dramadreieck" heraus inszeniert werden (vgl. Kap. IV.6). Unbeteiligte Kolleg*innen sollten daher entsprechend unterstützt beziehungsweise geschützt werden.

Interpersonale Konflikte treten zwischen einigen wenigen (zwei bis drei) Personen auf, beispielsweise zwischen Eltern und Erzieher*in, einzelnen Mitarbeitenden oder zwischen Mitarbeiter*in und Leitungskraft. Die „Kontrahent*innen" sind klar zu benennen und können sich von Angesicht zu Angesicht auseinandersetzen. „Die zentrale Frage lautet daher: Wer muss sich hier mit wem über welches Thema auseinandersetzen? Die Antwort darauf klärt, worum es eigentlich geht und wer sich zur Lösung des Konflikts an einen Tisch setzen muss" (Gellert/Nowak 2010, S. 336). Die Beantwortung dieser Fragen erscheint auch deshalb zentral, weil immer wieder zu beobachten ist, dass Konflikte, die ursprünglich zwischen einzelnen Personen zu verorten sind, im gesamten Team, in Supervisionsrunden oder auch bei Dienstbesprechungen angesprochen

Interpersonaler Konflikt

werden. Unbeteiligte werden dadurch zu Mitwissenden, was einer Aufforderung gleichkommt, sich zu positionieren. Auf diese Weise weitet sich der Konflikt im System aus, was leicht zu verhindern gewesen wäre.

Eine andere Form der Ausweitung entsteht, wenn ein interpersonaler Konflikt nicht zwischen den Beteiligten geklärt wird, sondern sogleich höhere Hierarchieebenen oder die Mitarbeitervertretung (MAV) einbezogen werden. Beispiel: Eine Mitarbeiter*in aktiviert bei einer Meinungsverschiedenheit mit der Leitungskraft umgehend die MAV oder den Personalrat, ohne zuvor das direkte Gespräch zu suchen.

Bei **Intragruppenkonflikten** tritt der Konflikt innerhalb eines Teams oder einer klar definierbaren Gruppe auf. Es ist beispielsweise möglich, dass Konflikte zwischen den Eltern einer Kindergartengruppe oder innerhalb des Krippenteams einer Einrichtung zu klären sind. Derartige Konflikte neigen dazu, Gruppen oder Teams zu spalten, sodass es zu einer „Lagerbildung" kommt. Mit ansteigender Eskalation fällt es Mitarbeitenden eventuell schwer, eine neutrale Position aufrechtzuerhalten und sich nicht einem „Lager" zuzuordnen. Es entsteht ein Sog im Sinne von: „Wenn du nicht für uns bist, dann bist du gegen uns."

Bei solchen Konflikten müssen Leitungskräfte sorgsam darauf achten, dass sie von einzelnen „Lagern" nicht vereinnahmt werden. Sollte die Leitungskraft doch eine der Positionen überzeugender finden, muss sie dies unmissverständlich ausdrücken und ausführlich sowie nachvollziehbar begründen.

Intragruppenkonflikt

Haben einzelne Subsysteme einer Einrichtung wie beispielsweise Krippe, Hort, Elementarbereich, Eltern oder Elternvertreter*innen Konflikte miteinander, spricht man von **Intergruppenkonflikten**. Beispiel: Die Erzieher*innen des Krippenbereiches und die des Elementarbereiches einer Einrichtung geraten in Konflikt.

Intergruppenkonflikt

Sowohl bei einem Intragruppenkonflikt als auch bei einem Intergruppenkonflikt lassen sich die Konflikte nicht mehr direkt von Angesicht zu Angesicht bearbeiten, denn bei den Konfliktpartner*innen handelt es sich immer um eine ganze Gruppe. Die Konfliktbearbeitung wird leichter, wenn jedes „Lager" eine verantwortliche Person bestimmt und diese

Anregung zur Reflexion: Konflikte bildlich darstellen

Unabhängig von der Art des Konflikts ist es immer hilfreich, sich einen Überblick darüber zu verschaffen, wer auf welche Weise an einem Konflikt beteiligt ist und wer welche Interessen verfolgt.

1. Schritt: Zeichnen Sie alle am Konflikt beteiligten Personen oder Gruppen auf (Strichmännchen reichen aus). Positionieren Sie Personen, die eng zusammenarbeiten oder in intensivem Austausch miteinander stehen, dichter nebeneinander als solche, die nur am Rande in den Konflikt involviert zu sein scheinen. Malen Sie gegebenenfalls Verbindungslinien, nutzen Sie Strichstärken und verschiedene Farben, um die Qualität der Verbindungen zu verdeutlichen.

Reflexionsfragen:
- In welcher Reihenfolge haben Sie die Personen gezeichnet?
- Welche Partei/Person befindet sich in der Mitte, welche am Rand des Blattes?
- Welche Beziehungsgefüge werden sichtbar?
- Erste Auswertung: Geben die verschiedenen Positionen und Verbindungslinien bereits Hinweise auf das Konfliktgeschehen?

2. Schritt: Versetzen Sie sich in die Lage der beteiligten Personen und formulieren Sie (hypothetisch) jeweils zwei Sätze aus dieser Perspektive:
- Mein Problem (Interesse, Anliegen) ist, ...
- Ich müsste ... mit Person(en) XY klären.

Sollte es Personen oder ganze Gruppen geben, für die es Ihnen nicht gelingt, diese Sätze zu formulieren, stellt sich die Frage, inwiefern diese Personen überhaupt Teil des gezeichneten Konflikts sind. Es kann aber sehr wohl sein, dass durch das Konfliktgeschehen indirekt berufliche Aspekte dieser Personen betroffen sind, was bei einer Konfliktbearbeitung unbedingt berücksichtigt werden muss.

3. Schritt: Überlegen Sie, welche konkreten Strategien Sie zur Bewältigung des Problems entwickeln müssen.

Reflexionsfragen:
- Wo müssen Sie handeln, wo können Sie abwarten?
- Verfolgen Sie eigene Interessen in diesem Konflikt? Ergibt sich daraus eine Parteinahme?
- Legen Sie die Reihenfolge der notwendigen Gespräche fest.
- In welchem Rahmen können die Gespräche stattfinden?
- Welche offenen Fragen müssen jeweils geklärt werden?
- Welche Personen müssen geschützt werden, damit sie nicht unbeabsichtigt in den Konflikt hineingezogen werden?

Anerkennungskonflikt: „Wo stehe ich im Vergleich mit anderen?"

dann miteinander versuchen, den Konflikt zu klären. Damit die Sprecher*innen die ausgehandelten Vereinbarungen mit der eigenen Gruppe abstimmen können, müssen außerdem regelmäßig Pausen eingelegt werden. Insbesondere bei höher eskalierten Konflikten sollte eine von allen als unparteiisch anerkannte Moderation den Prozess der Konfliktbearbeitung begleiten.

2. Auslöser von Konflikten

Die naheliegendsten Fragen bei der Bearbeitung von Konflikten lauten: Worum geht es? Wodurch wurde der Konflikt ausgelöst? Wer verfolgt welches Interesse? Diese Fragen beziehen sich auf den Konfliktgegenstand. Eine Konfliktlösung wird nur unter der Voraussetzung gelingen, dass das konfliktauslösende Gegensatzpaar erkannt wird. Worin besteht das Interesse oder Bedürfnis der Beteiligten wirklich? Die hier beschriebenen Auslöser führen zu Konflikten, die insbesondere im beruflichen Kontext häufig anzutreffen sind.

Anerkennungskonflikte

Der Wunsch nach Anerkennung gehört zu den menschlichen Grundbedürfnissen. Über den Grad der Anerkennung werden Beziehungen ausgelotet. Speziell im Berufsleben regelt die wechselseitige Anerkennung die Fragen der Statushierarchie innerhalb einer Gruppe oder eines Teams. Hier einige Fragen, die Menschen immer wieder beschäftigen (vgl. Fechler 2014, S. 22 f.):

- Gehöre ich dazu?
- Wer hat das Sagen?
- Wo stehe ich im Vergleich zu anderen?
- Mit welchen Informationen werde ich wann und von wem versorgt?

Leitungskräfte sollten sich die Frage stellen, ob alle Mitarbeitenden gleichermaßen gehört und gesehen werden.

Fragen der Anerkennung werden zunächst nicht offen angesprochen; sie sind eingewoben in die alltägliche Kommunikation. Solange die Anerkennungsbilanz einigermaßen ausgewogenen ausfällt, entwickeln sich nur wenige Konflikte. Entsteht aber eine Schieflage in der individuellen Bilanz, löst das nicht

Anerkennungskonflikte vermeiden

Anerkennungsaspekte	Reflexionsfragen
Ideelle Anerkennung: Fähigkeiten und Ressourcen der Mitarbeitenden werden gesehen, Leistungen wahrgenommen und gewürdigt. Auch ehrlich gemeinte Kritik kann Mitarbeiter*innen zeigen, dass ihr Handeln ernst und wahrgenommen wird.	• Welche Fähigkeiten und Ressourcen schätzen Sie an Ihren Mitarbeitenden? • Wie bringen Sie Ihre Wertschätzung zum Ausdruck? • Für welche Leistungen bekommen Ihre Mitarbeitenden positives Feedback von Ihnen? • Wie drücken Sie unabhängig von erbrachter Leistung Anerkennung aus?
Materielle Anerkennung: Die beruflichen Anforderungen sowie der Anspruch an die eigene Professionalität können nur dann befriedigend umgesetzt werden, wenn die materielle, personelle oder räumliche Ausstattung dies auch zulassen. Eine mangelhafte Ausstattung bei gleichzeitig hohen Anforderungen kann die berufliche Integrität beschädigen. In diesen Fällen müssen entweder die materiellen Voraussetzungen angepasst oder die Anforderungen erkennbar gesenkt werden.	• Überprüfen Sie, ob pädagogische Anforderungen und materielle Ausstattung stimmig sind. • Welchen Einfluss haben Sie auf die materiellen Ressourcen und sind diese gerecht verteilt? • Was können Sie unternehmen, um eine Anpassung zwischen Anforderungen und Ausstattung zu erreichen?

nur starke Emotionen aus, sondern führt unter Umständen sogar dazu, dass sich die gesamte Person abgewertet fühlt. Anerkennungskonflikte können daher schnell eine hohe Dynamik entwickeln. Die links stehende Auflistung ordnet der ideellen und der materiellen Anerkennung – beides beruflich relevante Formen der Anerkennung – Reflexionsfragen zu. Insbesondere Leitungskräfte können damit ihr eigenes Anerkennungsprofil genauer in den Blick nehmen.

Konflikte können als Verweigerung oder zumindest Störung des wechselseitigen Anerkennungsverhältnisses verstanden werden. Beispiele:

- Ich erkenne die Interessen des/der anderen nicht an.
- Ich bezweifle die moralische Berechtigung eines Interesses.
- Ich stelle den sozialen Status meines Gegenübers infrage.

Soll ein Konflikt bearbeitet werden, muss eine wechselseitige Anerkennung zumindest ansatzweise sichergestellt werden. Eine Konfliktbearbeitung unter dem Gesichtspunkt der Anerkennung durchläuft typischerweise drei Stufen (vgl. Fechler 2014, S. 30):

Stufe 1: Emotionale Erstversorgung

Die Konfliktparteien mit ihren jeweiligen Anliegen werden gehört. Bei höher eskalierten Konflikten können die Beteiligten sich mit ihren symmetrischen Ansprüchen auf Anerkennung jedoch gegenseitig blockieren. In diesem Fall muss eine neutrale Moderation dafür sorgen, dass alle Konfliktparteien gleichermaßen Gehör finden. Zuhören und ausreden lassen gelten in den meisten Fällen als positives Zeichen der Anerkennung.

Stufe 2: Signale der Anerkennung

Die Konfliktparteien haben das berechtigte Anliegen, dass die Gegenseite sie ernst nimmt. Doch auf beiden Seiten besteht auch das Bedürfnis, den „Gegner" mit der Wucht der Argumente zu beeindrucken. Erste körpersprachliche Signale der Deeskalation wie gegenseitiger Blickkontakt oder leichtes Kopfnicken können hier eine nicht zu unterschätzende Wirkung entfalten. In dieser Phase ist es wichtig, nicht zu viel zu fordern, denn noch besteht die Befürchtung, sich mit dem eigenen Interesse nicht durchsetzen zu können. Vergleichsweise unbedeutende Friedenssignale fordern den Beteiligten bereits ein hohes Maß an Überwindung ab. Diese sollten daher entsprechend verbale Anerkennung finden: „Ich sehe, dass Sie der anderen Partei zugehört haben. Das ist bedeutsam und eine der wichtigsten Voraussetzungen dafür, dass wir zu einer Lösung kommen. Gleichzeitig weiß ich, dass es manchmal schwer auszuhalten ist, die eigene Position nicht sofort dagegenzustellen. Ich danke Ihnen für diesen ersten wichtigen Schritt!" Im besten Fall gelingt es, die Konfliktparteien dazu zu bewegen, einen Perspektivwechsel vorzunehmen.

Stufe 3: Ausgleich der Konten

Die Konfliktparteien legen Kompromisse oder andere Konfliktregelungen verbindlich fest, entstandene Verletzungen erfahren heilende Ausgleichhandlungen. Es ist notwendig, dass am Ende der Konfliktbearbeitung das Anerkennungskonto zwischen allen Beteiligten ausgeglichen ist. Andernfalls schwelt der Konflikt weiter und flammt bei nächster Gelegenheit erneut auf. Daher ist folgende Frage zum Abschluss ratsam: „Es ist wichtig, dass es keine ‚Überbleibsel' mehr gibt. Insofern nun die Frage an Sie, ob wirklich alles geklärt ist oder ob Ihnen doch noch etwas auf der Seele brennt?"

Rollenkonflikte

Die Rolle, die eine Person innerhalb des Gefüges einer Einrichtung einnimmt, beeinflusst auch die Erwartungen der Mitarbeitenden an deren Verhalten. Obwohl ein offener Austausch darüber, welche Verhaltenserwartungen mit einer Rolle verbunden sind, eher selten stattfindet, hat doch jedes Teammitglied bewusst oder unbewusst bestimmte Vorstellungen davon, wie eine Rolle auszufüllen ist. Ein Konflikt entsteht zum Beispiel, wenn Sie als Leitungskraft die Vorstellung haben, dass es zu Ihren Aufgaben gehört, die Mitarbeitenden in bestimmten Bereichen zu kontrollieren. Erwarten Ihre Mitarbeitenden hingegen, dass Sie als Leitungskraft in erster Linie dafür zuständig sind, den organisatorischen Rahmen stabil zu halten und ein ansonsten eigenverantwortliches Arbeiten zu ermöglichen, kann es zu Konflikten kommen. Finden Ihre Mitarbeitenden es hingegen selbstverständlich, dass Sie sie regelmäßig kontrollieren, bleibt der Konflikt aus. Entstehen könnte er in diesem Fall aber, wenn Sie die Rollenerwartung als kontrollierende Leitungskraft nicht erfüllen. Das ließe sich von Ihren Mitarbeitenden als Desinteresse deuten.

Rollenkonflikt: „Welche Erwartungen haben andere an mich und meine Funktion?"

Bestandteile des Rollenbegriffs

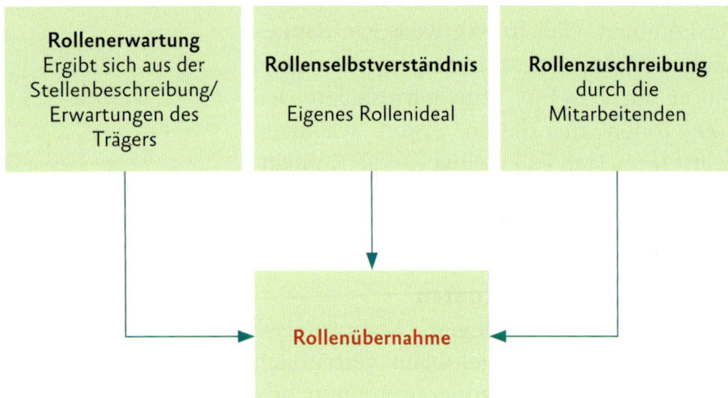

Vgl. Gellert/Nowak 2010, S. 328

Auslöser für derartige Konflikte sind also jeweils unterschiedliche Rollenverständnisse. Die Aufgliederung des Rollenbegriffs in die Unterkategorien Rollenerwartung, Rollenselbstverständnis und Rollenzuschreibung machen die Ursache von Rollenkonflikten verständlicher (vgl. Grafik oben).

Anregung zur Reflexion

Um Klarheit über die eigene Rollenauffassung zu erlangen, lohnt es sich, über folgende Punkte nachzudenken:

- Legen Sie zunächst fest, für wen die Rollenklärung durchgeführt werden soll (Leitungskraft, Gruppenleitung, Zweitkraft etc.).
- Notieren Sie für jeden der drei Aspekte des Rollenbegriffs (Rollenerwartung, Rollenverständnis, Rollenzuschreibung) die für die jeweilige Rolle typischen Merkmale, die Ihnen spontan einfallen.
- Betrachten Sie Ihre Auflistung: Gibt es Aspekte, die gut/schlecht miteinander vereinbar sind?
- Entstammen die Rollenvorstellungen Ihrer eigenen Auffassung oder haben Sie diese übernommen? Wenn ja, von wem?
- Haben Sie Ihr Rollenselbstverständnis offen kommuniziert oder beeinflussen Ihre Vorstellungen eher unausgesprochen Ihr Handeln?
- Welche Aspekte müssten mit wem besprochen werden, um Konflikten präventiv zu begegnen?

Diese Reflexion lässt sich auch zur Analyse eines bereits bestehenden Konfliktes nutzen. Wesentlich ertragreicher ist es aber, die Reflexion allein oder im Team zur Konfliktprävention einzusetzen, um unrealistische Rollenerwartungen frühzeitig aufzudecken.

Die **Rollenerwartung** ergibt sich in der Regel aus der Stellenbeschreibung des Trägers. Sie umfasst die klar zu benennenden Aufgaben und Verantwortungsbereiche sowie die Befugnisse, die mit der jeweiligen Stelle verknüpft sind. Im **Rollenselbstverständnis** sind individuelle – bewusste und unbewusste – Vorstellungen über die konkrete Ausgestaltung der übertragenen Aufgabe abgespeichert. Manche dieser Vorstellungen haben sich durch biografische Erfahrungen sowie das eigene Wertesystem entwickelt. Dazu zählen beispielsweise Vorstellungen darüber, welche Prioritäten gesetzt oder welche Ziele mit der Ausübung der jeweiligen Rolle verknüpft werden. Das Rollenselbstverständnis regelt ebenfalls, wie sich der Umgang mit Kolleg*innen und Mitarbeiter*innen gestaltet. Auf die **Rollenzuschreibung** durch Mitarbeitende haben Sie als Leitungskraft wenig Einfluss. Diese entspringt dem Rollenselbstverständnis der jeweils anderen und kann sich vom eigenen Rollenverständnis unter Umständen stark unterscheiden. Das birgt erhebliches Konfliktpotenzial. So zeigen sich insbesondere bei neu zusammengesetzten Teams oder auch bei neuen Leitungskräften in der sogenannten „Storming-Phase" vermehrt Konflikte, die entsprechende Rollenverständnisse thematisieren. Aus den drei zuvor genannten Aspekten kristallisiert sich schließlich die Rollenübernahme heraus.

Die Schnittmengen zwischen Rollenerwartung, Rollenselbstverständnis und Rollenzuschreibung sowie die tatsächliche Rollenübernahme sind selten deckungsgleich. Im beruflichen Alltag unterliegt die Rollenübernahme zusätzlich dynamischen Wechselwirkungen beispielsweise zwischen Mitarbeiter*innen und Leitungskraft. Eine Leitungskraft, die eine neue Kita aufbaut und ein junges Team leitet, wird vermutlich ihre Rolle anders ausfüllen als eine, die seit vielen Jahren mit einem erfahrenen Team zusammenarbeitet.

Erfordert es der Alltag, dass unterschiedliche Rollen von einer Person gleichzeitig besetzt werden müssen, wird es schnell unübersichtlich. Stellvertretende Leitungskräfte sind beispielsweise oft Teil der Kita-Leitung und gleichzeitig Erzieher*in im Gruppendienst. Dann gibt es Leitungskräfte, die nur mit wenigen Stunden für ihre Leitungsaufgaben freigestellt sind und ansonsten im Gruppendienst arbeiten. Hierdurch ergeben sich erhebliche Rollenkollisionen, wenn Mitarbeitende nicht eindeutig zuordnen können, ob gerade die Leitung oder der/die Teamkolleg*in spricht (vgl. Thurmann 2011). Um dieser Art von Konflikten vorzubeugen, kann im Team eine Rollenklärung unter den oben genannten Aspekten durchgeführt werden. Auf diese Weise werden gemeinsam Strategien entwickelt, wie man Rollenüberschneidungen begegnen kann.

Bei dem in Kapitel II.1 beschriebenen Konflikt zwischen Jutta und Sofia handelt es sich um einen solchen Rollenkonflikt. Jutta ist in Bezug auf ihren Enkel im Kontext Kindergarten nicht eindeutig in ihrer beruflichen Rolle. Sie agiert auch in ihrer privaten Rolle als Großmutter und übersieht, dass sie sich im Rahmen ihres Arbeitsauftrages als Erzieherin professionell verhalten müsste.

Konfliktträchtig sind auch Konstellationen, in denen eine Leitungskraft sich scheut, aus der Leitungsrolle heraus zu agieren. Häufig fühlen sich dann einzelne Teammitglieder berufen, das Rollenvakuum zu füllen. Sie agieren als machtvolle „graue Eminenzen" im Hintergrund, ohne die mit der Leitungsrolle verbundene Verantwortung offiziell übernehmen zu müssen. Werden sie zur Rechenschaft gezogen, können sie problemlos auf ihre eigentliche Rolle, etwa der der Gruppenleitung, verweisen. Ein solches Machtvakuum sollte daher gar nicht erst entstehen.

Wertekonflikte

Werte sind das, was Menschen wertvoll ist. Sie stellen eine wesentliche Grundlage menschlichen Handelns dar – selbst dann, wenn sie den Handelnden nicht bewusst sind. Werte sind mit tiefen Überzeugungen verbunden und werden gegebenenfalls mit großem Einsatz verteidigt. Grundsätzlich gilt: Wertekonflikte eskalieren leicht. Sie lösen tiefe Gefühle aus und es geht schnell ums „Ganze". „Nicht individuelle Personen streiten miteinander, sondern sozial geprägte und historisch tradierte Rollenmuster (re)agieren aufeinander" (Berkel 2014, S. 93). Oftmals kann eine Analyse der verschiedenen Wertvorstellungen, die sich jeweils in den unvereinbaren Gegensätzen ausdrücken, zu einem vertieften Verständnis des Konfliktes beitragen. Dabei können tatsächlich die Werte selbst unvereinbar sein, aber wesentlich häufiger ist zu beobachten, dass Werte in einem übersteigerten Maß eingefordert oder ausgedrückt werden. So kann sich Fürsorge leicht zu bedrängender Überfürsorge entwickeln, Freiheitsliebe mutiert durch Übertreibung zu „Laissez-faire". Oft steckt die Sorge dahinter, dass man einem als gegensätzlich empfundenen Wert auf gar keinen Fall zu nahe kommen will. Wem Fürsorglichkeit wichtig ist, der möchte vielleicht um jeden Preis verhindern, dass sich jemand vernachlässigt fühlt. Zur Vertiefung sei hier insbesondere auf das durch Schulz von Thun bekannt gewordene Wertequadrat hingewiesen, das zur Analyse derartiger Konfliktkonstellationen genutzt werden kann (vgl. Schulz von Thun).

Bedürfniskonflikte

Eng verwandt mit dem Werte- sowie dem Anerkennungskonflikt sind Konflikte, bei denen die Achtung oder Erfüllung eigener Bedürfnisse bedroht zu sein scheint. Es handelt sich dabei in der Regel nicht um das banale Begehren, etwas besitzen zu wollen, sondern um sehr tief mit der Persönlichkeit verwobene Bedürfnisse wie Ordnung, Struktur oder Harmonie. In der gewaltfreien Kommunikation nach Rosenberg finden sich Auflistungen derartiger Bedürfnisse (vgl. Rosenberg 2009, S. 74). Diese können bei der Analyse von Konflikten genutzt werden, um herauszufinden, welches tief greifende Bedürfnis durch den Konflikt berührt wird. „Immer wieder habe ich die Erfahrung gemacht, dass in dem Moment, wo Leute anfangen, über das zu sprechen, was sie brauchen, statt darüber, was mit dem anderen nicht stimmt, die Wahrscheinlichkeit, einen Weg zur Erfüllung aller Bedürfnisse zu finden, dramatisch ansteigt" (Rosenberg 2009, S. 74).

Fallbeispiel

Karla leitet eine große Einrichtung. Sie hat ein tief in ihrer Persönlichkeit verankertes Bedürfnis nach Ordnung und Struktur. An dem von allen gemeinsam genutzten Materialraum entzünden sich immer wieder Konflikte. Für Karla ist schon ein geringes Maß an Unordnung kaum erträglich und sie wirft ihren Mitarbeiter*innen vor, in dem kleinen Raum ständig Chaos zu verbreiten und beim Aufräumen Wichtiges von Unwichtigem nicht trennen zu können. Beim Thema Materialraum sinkt also die Stimmung regelmäßig auf den Gefrierpunkt. Die Mitarbeiter*innen fühlen sich mit ihrem ebenfalls tief verankerten Bedürfnis nach Harmonie und Wertschätzung nicht gesehen. Zwar räumen sie den Materialraum immer wieder mal auf, aber das geschieht eher lieblos. Es ist stets nur eine Frage der Zeit, bis das Thema erneut auf die Tagesordnung kommt. Allerdings haben die Beteiligten niemals ihr eigentliches Bedürfnis ausgedrückt. Alle denken, es gehe allein um den Materialraum.

Karla hätte sagen können: „Mir ist es wichtig, dass die Bastelmaterialien geordnet sind, das entspricht meinem Bedürfnis nach Ordnung und Struktur. Könnten sich zwei oder drei von euch finden, die sich für die Ordnung im Raum verantwortlich fühlen? Ich habe das Vertrauen in euch, dass ihr das gut hinbekommt." Jetzt könnten die Mitarbeiter*innen ihrem Bedürfnis nach Harmonie nachkommen und den Materialraum in Ruhe gemeinschaftlich und auf ihre Weise aufräumen. Karla hätte ihnen somit die Verantwortung übertragen – was einer Form von Wertschätzung entspricht – und sie müsste im Gegenzug die Art und Weise akzeptieren, in der ihre Mitarbeiter*innen den Auftrag umsetzten.

3. Konfliktziele

Im beruflichen Umfeld lassen sich drei unterschiedliche Zielsetzungen beschreiben, mit denen Konflikte geführt werden. Geht es darum, eigene Interessen oder Bedürfnisse zu verfolgen? Sollen Positionen (Stellenbesetzungen) im Gefüge der Einrichtung verändert werden? Oder sollen gar tief greifende Systemveränderungen herbeigeführt werden?

Interessenkonflikte

Bei Interessenkonflikten steht die Auseinandersetzung um Inhalte, pädagogische Ziele oder das pädagogische Vorgehen im Mittelpunkt. Auch Konflikte auf der Beziehungsebene werden den Interessenkonflikten zugerechnet. Die Frage beispielsweise, ob bei anhaltender Raumnot der Bewegungsraum zum Gruppenraum umfunktioniert werden darf, kann erbittert geführte Interessenkonflikte heraufbeschwören. Das Für und Wider solcher Entscheidungen muss gut abgewogen werden, oft gibt es auf derlei Fragen keine eindeutigen Antworten.

Wenn es nicht möglich ist, zu tragfähigen Kompromissen zu kommen, müssen Interessenkonflikte „von oben" entschieden werden, andernfalls kann es zu schwerwiegenden Zerwürfnissen im Team kommen. Interessenkonflikte können zusätzlich mit Anerkennungskonflikten oder Positionskonflikten vermischt und aufgeladen werden, was die Sachlage deutlich verkompliziert. Umso wichtiger ist es, die verschiedenen Ebenen wahrzunehmen und in der Konfliktbearbeitung voneinander zu trennen.

Interessenkonflikte erfordern manchmal eine Entscheidung von höherer Instanz.

Positionskämpfe

Wie der Name schon sagt, handelt es sich hierbei um Rivalitäten oder Machtkämpfe zwischen einzelnen Personen oder Gruppen. Das Ziel dieser Konflikte ist es, jemanden aus einer Position hinauszudrängen oder aber eine bestimmte Position innerhalb einer Organisation selbst zu besetzen.

Insbesondere Leitungskräfte oder Stellvertreter*innen, die aus dem Team kommend aufgestiegen sind, werden oftmals in ihrer neuen Rolle noch nicht akzeptiert. Die Akzeptanz in der neuen Rolle muss erst hart errungen werden. Besonders schwierig kann es werden, wenn sich beispielsweise zwei Mitarbeitende auf dieselbe Stelle beworben haben und eine*r das Nachsehen hatte. Hier kommt es leicht zu Positionskämpfen und Missgunst, indem beispielsweise der/dem neuen Stelleninhaber*in die notwendige Kompetenz offen oder verdeckt abgesprochen wird.

Systemveränderungskonflikte

Hier handelt sich um Konflikte, die entweder aus tief greifenden strukturellen oder konzeptionellen Veränderungen resultieren oder die geführt werden, um derartige Veränderungen zu initiieren. Entscheidet sich beispielsweise eine Kindertagesstätte, von einem geschlossenen auf einen offenen Ansatz zu wechseln, müssen sich alle Mitarbeitenden auf tief greifende Veränderungen ihrer Arbeit einstellen. In der Regel ziehen derartige Systemveränderungen sowohl Positionskämpfe als auch Interessenkonflikte nach sich. In diesem Fall muss mit Konflikten gerechnet werden, wie sie für sogenannte Change-Prozesse typisch sind.

4. Erscheinungsformen von Konflikten

Konflikte können entweder offen ausgetragen werden, man spricht dann von heißen Konflikten, oder sie gären im Verborgenen. Dann sind sie erkaltet.

Heiße Konflikte

Alle Parteien vertreten offen und für jeden sicht- und hörbar ihre jeweiligen Interessen. Alle inhaltlichen Äußerungen sowie die begleitenden Gefühle sollen ausdrücklich von der gegnerischen Partei zur Kenntnis genommen werden. Heiße Konflikte erscheinen bisweilen als sehr anstrengend und unangenehm. Sie eröffnen aber die Möglichkeit der gezielten Intervention, weil sich alles auf offener Bühne abspielt (vgl. Glasl 1999).

Kalte Konflikte
Der Konflikt gärt im Untergrund. Oberflächlich sind keine Konfliktsignale erkennbar, dennoch entwickelt sich das destruktive Potenzial und der Konflikt eskaliert unbemerkt. Einer offenen Aussprache und Begegnung wird ausgewichen, die Kommunikation zwischen den Parteien bricht im Verlauf der Konfliktentwicklung zunehmend zusammen. Auch kalte Konflikte können sich im sozialen System weiter ausbreiten, was in der Folge zu einer Fragmentierung des Systems führt. Es bilden sich kleine und nur lose verbundene Einheiten, vermittelnde Bindeglieder fehlen. Ein kalter Konflikt ist deshalb gefährlicher und in der Behandlung komplizierter, denn die Konfliktbeteiligten entziehen sich einer aktiven Konfliktbearbeitung.

4. Konfliktanalyse anhand eines Beispiels

Das folgende Beispiel verdeutlicht, dass sich beobachtetes Handeln auf völlig unterschiedliche Weise deuten lässt. Eine Intervention kann aber nur dann erfolgreich sein, wenn die jeweiligen Interessen und Intentionen des/der Handelnden zutreffend wahrgenommen und bei der Konfliktbearbeitung berücksichtigt werden. Insofern lohnt sich eine Analyse des Konfliktes – wenn möglich unter verschiedenen Gesichtspunkten.

Mitarbeiter Frank verbreitet seit einigen Monaten schlechte Stimmung im Team. Er lässt kaum eine Gelegenheit aus, seine Kolleg*innen darauf hinzuweisen, welche Absprachen und vereinbarten Regeln mal wieder nicht eingehalten wurden. Gleichzeitig geht er mit der eigenen Einhaltung von Regeln sehr großzügig um, was sich zum Beispiel an Häufigkeit und Länge seiner Raucherpausen zeigt. Die Kolleg*innen sind genervt und nutzen regelmäßig einen großen Teil der Vorbereitungszeit, um ihrem Ärger Luft zu machen. Die Leitungskraft muss eingreifen, weil der Konflikt das Arbeitsklima ernsthaft bedroht.

Was könnten Ursachen für Franks Verhalten sein und welche konstruktiven Reaktionen bieten sich an?

Möglichkeit 1: Der Kollege hat private Probleme, ist deshalb latent unzufrieden, externalisiert das Problem und überträgt seine Unzufriedenheit auf die gesamte Arbeitssituation.
Aufgabe der Leitungskraft: Sie erkennt Franks intrapersonalen Konflikt und führt ein Gespräch mit ihm, indem sie maßvolles Verständnis für das private Problem zeigt, aber ebenso deutlich macht, dass die Lösung der privaten Probleme in seinem und nicht im Verantwortungsbereich der Leitungskraft und der Kolleg*innen liegt. Außerdem muss sie mit Frank eine Vereinbarung darüber treffen, dass er die Konfrontation der Kolleg*innen mit vermeintlichen Regelverstößen ab sofort unterlässt. Unter Berücksichtigung des Anerkennungsbedürfnisses des Kollegen kann sie mit ihm übereinkommen, dass seine Beobachtungen zukünftig genutzt werden, um gemeinsam mit dem Team das bestehende Regelwerk der Einrichtung auf seine Tauglichkeit zu überprüfen und gegebenenfalls anzupassen.

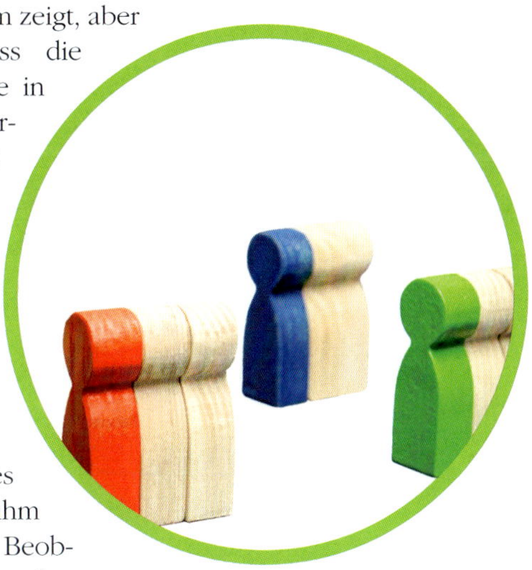

Kalte Konflikte können ein Team zersplittern.

Möglichkeit 2: Der Kollege ist mit seiner Rolle als Gruppenleitung unzufrieden, möchte die stellvertretende Leitung übernehmen und versucht, sich auf diese ungeschickte Weise für eine bald frei werdende Stelle in Position zu bringen.
Aufgabe der Leitungskraft: Sie erkennt den Positionskampf. In einem Gespräch arbeitet sie den bisher unausgesprochenen Wunsch des Kollegen heraus und erläutert ihm das Bewerbungsverfahren sowie die Anforderungen, die an eine stellvertretende Leitung gestellt werden. Sie verdeutlicht Frank außerdem, dass er den Erfolg seiner Bewerbung durch sein Verhalten eher gefährdet als befördert, und beide vereinbaren Verhaltensregeln, die deutlich teamförderlicher sind. Ihm werden Möglichkeiten aufgezeigt, wie er sich profilieren kann, um seine Bewerbungschancen zu verbessern.

Möglichkeit 3: Der Kollege hat das Gefühl, die Leitungskraft kontrolliere die Regeleinhaltung nicht in ausreichendem Maße. Er versucht durch seine „Kontrollgänge", die Aufgabe der Kitaleitung zu übernehmen, ohne dass er dafür einen Auftrag bekommen hätte.
Aufgabe der Leitungskraft: Sie erkennt den Rollenkonflikt, thematisiert Franks Kompetenzüberschreitung und stellt die sich aus der jeweiligen Rolle ergebenden Aufgaben klar. Gegebenenfalls unterbindet sie seine „Kontrollgänge" durch ein klares Verbot. Seine Berichte von beobachteten Regelverstößen ignoriert sie.

III. Konflikte bearbeiten

1. Konflikte und Probleme konstruktiv ansprechen

Die „Problemansprache" oder „3-W-Strategie" (vgl. Gührs/Nowak 2014, S. 238–240) ist eine Methode, um Kritik zu äußern oder konfliktträchtige Situationen konstruktiv und gleichzeitig klar anzusprechen. Problem- oder Konfliktpotenzial zeigt sich in der Regel stets aufs Neue in sich ähnelnden Situationen. Daher besteht der erste Schritt einer Problemansprache darin, aus der Vielzahl möglicher Situationen eine auszuwählen, die für das Problem oder den Konflikt typische Elemente aufweist. Die in dieser Situation für jede*n beobachtbaren Details werden zum Ausgangspunkt der Problemansprache. Je nach Situation kann der/die Sprecher*in der Problemansprache etwas Positives voranstellen, beispielsweise: „Mir liegt an einer guten Beziehung zu dir und deshalb möchte ich gern etwas ansprechen." Daran anschließend kommen die drei folgenden Aspekte zur Sprache.

Wahrnehmung: Der/die Sprecher*in schildert neutral und ohne Interpretation eine Situation, in der das Störende auftrat. Es werden ausschließlich beobachtbare Fakten genannt.

Die Kurzformel ZDF – Zahlen, Daten, Fakten – ist hilfreich. Damit wird der Rahmen nachvollziehbar abgesteckt. Die Sätze beginnen beispielsweise mit:

- Ich habe wahrgenommen, dass …
- Mir ist aufgefallen, dass …

Wirkung: Der/die Sprecher*in stellt die Auswirkungen oder Konsequenzen, die sich aus dem zuvor Beschriebenen ergeben, umfassend dar. Dabei dürfen neben fachlichen auch persönliche Konsequenzen – insbesondere Gefühle – beschrieben werden. Die Sätze beginnen beispielsweise mit:

- Für mich bedeutet das, …
- Das löst bei mir aus, …
- Ich fühle mich dann …
- Ich befürchte, dass …

Wunsch: Der/die Sprecher*in formuliert abschließend einen möglichst konkreten Wunsch oder eine Erwartung, wie zukünftig mit vergleichbaren Situationen umgegangen werden soll. Die Sätze beginnen beispielsweise mit:

- Ich würde mir wünschen, dass …
- Mir würde es helfen, wenn …
- Ich erwarte von dir, dass …

Im Anschluss an die Problemansprache ist das Gegenüber nun eingeladen, die eigene Sicht auf die Dinge zu schildern.

2. Interventionen in Gesprächen

Die folgenden Satzbausteine lassen sich im Gespräch bei niedrig eskalierten Konflikten nutzen. Sie dienen ebenfalls als Reflexionshilfe zur Vorbereitung auf ein Konfliktgespräch. Welches Vorgehen sich im Einzelfall als hilfreich herausstellt, muss allerdings situativ immer wieder neu entschieden werden (vgl. Nowak 2021, S. 268).

- Zur Klärung: Worin genau besteht das Problem? Wer hat das Problem? Wie stark wird es von den Einzelnen wahrgenommen? Würden alle Beteiligten das Problem in gleicher Weise beschreiben oder gibt es Unterschiede, wenn ja, welche?
- In die Zukunft geschaut: Was wird sich konkret geändert haben, wenn der Konflikt gelöst wurde? Beschreiben Sie einen konfliktfreien Arbeitstag in der Zukunft! Wer profitiert davon am meisten, wer am wenigsten?
- Was wäre das Schlimmste, was passieren kann, wenn sich der Konflikt nicht lösen ließe? Wäre es für alle gleich schlimm?
- Wie viel Energie sind Sie bereit, in die Lösung des Konfliktes zu stecken? Wie bedeutsam ist für Sie die Lösung des Konfliktes? Was könnten Sie aktiv dazu beitragen, dass der Konflikt konstruktiv bearbeitet wird?

3. Konfliktgespräche moderieren

Als Leitungskraft sollten Sie die Moderationsrolle möglichst nur dann einnehmen, wenn Sie selbst weder in den Konflikt involviert sind noch ein eigenes Interesse innerhalb des Konflikts verfolgen. Dieser Aspekt ist insofern bedeutsam, als vermutlich alle Konfliktbeteiligten äußerst feine Sensoren dafür haben, ob Sie sich für die Interessen einer der Parteien stärker einsetzen. Es steht zu befürchten, dass insbesondere die vermeintlich benachteiligte Partei das Vertrauen in eine „gerechte“ Lösung verliert und der Konflikt daraufhin weiter eskaliert. Sollten Sie doch ein eigenes Interesse verfolgen, thematisieren Sie dies gleich zu Beginn, damit Sie in Ihrer Rolle als Moderator*in glaubwürdig bleiben. In diesem Fall müssen Sie zwingend begründen, wie Ihr Interesse zustande kommt und wie Sie gedenken, damit umzugehen. Eventuell wird durch das Verfolgen eigener Interessen die Moderation des Konfliktes unmöglich. Dann braucht es eine neutrale Person, die übernimmt. Der folgende Moderationsleitfaden eignet sich, um einen Konflikt zwischen zwei bis maximal drei Personen zu moderieren. Die Gesprächsphasen im Einzelnen sind:

1. Rollen und Erwartungen klären

Bevor Sie den eigentlichen Konfliktgegenstand in den Blick nehmen, verabreden die Gesprächspartner*innen, auf welcher Basis das Gespräch

Interventionen situationsgerecht anbringen

stattfinden soll. Folgende Aspekte gilt es, sich vor der eigentlichen Klärung anzuschauen.

- Welche Rolle nimmt die Leitungskraft in dem Gespräch ein? Falls möglich, sollte sie Allparteilichkeit zusichern: „Ich werde im Rahmen dieses Gesprächs keinen eigenen Standpunkt einnehmen, sondern lediglich den Klärungsprozess moderieren."
- Sollte die Leitungskraft doch eigene Interessen verfolgen, muss sie diese zu Beginn offen ansprechen: „Mein Interesse als Leitungskraft ist ..." – „Für mich ist wichtig, dass ...", „Ich möchte auf keinen Fall, dass ..."
- Welche Erwartungen haben die Konfliktparteien an die moderierende Leitungskraft: „Welche Wünsche haben Sie an mich als Moderator*in?" – „Gibt es Befürchtungen? Wenn ja, möchte ich Sie bitten, diese auszusprechen."
- Gibt es Erwartungen/Wünsche an die jeweils andere Konfliktpartei, die sich auf den Umgang miteinander und die anzustrebende Gesprächskultur beziehen, jedoch nicht auf den Konfliktgegenstand: „Welche Wünsche haben Sie an Ihre*n Gesprächspartner*in?" Die Antworten lauten möglicherweise: „Ich möchte, dass Sie mich ausreden lassen." – „Ich möchte, dass Sie meine Aussagen nicht durch körpersprachliche Signale wie etwa Augenrollen kommentieren."

2. Das Ziel klären

- Die Leitungskraft fordert die Beteiligten auf, nacheinander ihre Ziele für das Gespräch zu nennen: „Was müsste in diesem Gespräch geschehen, damit Sie am Ende sagen können, dass es sich für Sie gelohnt hat, das Gespräch geführt zu haben?" – „Welche Aspekte sollen in dem Gespräch unbedingt zur Sprache kommen?"
- Durch einen „kontrollierten Dialog" stellt die moderierende Leitungskraft sicher, dass alle Beteiligten die jeweiligen Ziele richtig verstanden haben: „Ich würde gerne nochmals mit meinen Worten zusammenfassen, was ich gerade gehört habe, um sicherzustellen, dass ich Sie richtig verstanden habe."
- Sollten sich Ziele gegenseitig ausschließen, wird dies wahrgenommen und dennoch der Versuch unternommen, ein gemeinsames Ziel für das Konfliktgespräch zu finden. Die Leitungskraft kann sagen: „Die Ziele, die Sie soeben genannt haben, klingen beide nachvollziehbar, aber sie lassen sich nicht gleichzeitig verfolgen. Kann es ein übergeordnetes Ziel geben, dem Sie beide zustimmen würden? Es könnte zum Beispiel darum gehen, die Zusammenarbeit zu verbessern oder ..."

Ein gemeinsames Ziel definieren

Fallbeispiel

Anja möchte klären, wie es gelingen kann, dass Eva sich zuverlässiger an Absprachen hält. Eva möchte klären, dass Anja nicht mehr so „pampig" reagiert, wenn sie sich geärgert hat. Zwei auf den ersten Blick unvereinbare Ziele, die zusätzlich nicht im Einflussbereich derjenigen liegen, die das Ziel jeweils aussprechen. Schließlich haben sie als gemeinsames Ziel in diesem Gespräch vereinbart, nach Wegen zu suchen, wie ihre Zusammenarbeit störungsfreier gelingen kann. Dabei wollen sie sowohl die organisatorische Ebene (Absprachen) als auch die Beziehungsebene (Umgang mit Ärger) berücksichtigen.

3. Der Blick zurück

- Unter Anwendung der oben geschilderten Problemansprache (vgl. Kap. III.1) tragen die beiden Parteien nacheinander ihre Beobachtungen, ihre dadurch ausgelösten Gefühle und ihre Wünsche vor. Die andere Partei hört nur zu.
- Die moderierende Leitungskraft wiederholt jeweils in eigenen Worten (kontrollierter Dialog) die Aussagen, bevor die andere Partei an der Reihe ist. Auf diese Weise können Missverständnisse unmittelbar ausgeräumt werden. Indem die Konfliktparteien zunächst nicht miteinander, sondern ausschließlich mit dem/der Moderator*in kommunizieren, kann der Konflikt zwischen den Parteien nicht weiter eskalieren.
- Nachdem eine Partei ihren Standpunkt dargelegt hat, fragt der/die Moderator*in die andere Partei: „Wenn Sie hören, dass die gegnerische Partei das so erlebt hat, was löst das bei Ihnen aus?" – „Welche Aspekte können Sie anerkennen?" – „Wo regt sich Widerstand?"

Missverständnisse ausschließen

Fallbeispiel

Problemansprache von Anja: „Wir haben mal die Vereinbarung getroffen, dass der Eimer mit den dreckigen Windeln im Laufe des Vormittags geleert wird. Wir wollten das abwechselnd erledigen, aber in der letzten Woche habe ich jeden Tag um 12 Uhr den vollen Eimer nach draußen gebracht, während du mit einer Tasse Kaffee auf dem Außengelände gestanden hast (Wahrnehmung). Das ärgert mich und ich habe das Gefühl, dass ich für die ‚Drecksarbeit' allein zuständig bin (Wirkung). Ich möchte, dass du dich auch für die organisatorischen Dinge zuständig fühlst, und zwar ohne dass ich dich daran erinnern muss (Wunsch)."

Problemansprache von Eva: „Du hast letzte Woche Mittwoch, ohne mir Bescheid zu sagen, alle Fahrzeuge in den Schuppen geräumt und mich danach im Gruppenraum mit den folgenden Worten beschimpft: ‚Du bist echt faul und lässt mich hier ständig alles allein machen' (Wahrnehmung). Ich fühlte mich überrumpelt, denn ich hatte keine Chance mitzuhelfen. Ich habe ja gar nicht mitbekommen, dass du die Fahrzeuge weggeräumt hast (Wirkung). Ich würde mir wünschen, dass du mir Bescheid sagst, bevor du solche Dinge tust, und mich nicht anschließend, wenn ich nichts mehr ändern kann, kritisierst (Wunsch)."

Bei der Auswertung der beiden Problemansprachen bemerken Eva und Anja, dass sie klarere Absprachen benötigen, dass die Zuständigkeiten für verschiedene Dinge nicht geklärt sind, dass sich Anja zu schnell für die organisatorischen Dinge zuständig fühlt und Eva im Gegenzug tatsächlich dazu neigt, die angesprochenen Aufgaben auf die lange Bank zu schieben, weil sie oft keine Lust dazu hat. Anja kann erkennen, dass sie sich lange im Stillen ärgert und dann „lospoltert" und dass es günstiger wäre, bereits kleine Ärgernisse offen anzusprechen und darauf zu achten, dass sie Ich-Botschaften nutzt, statt Vorwürfe zu formulieren.

4. Lösungen entwickeln

- Die Beteiligten entwickeln Kompromisse und machen Zugeständnisse. Achtung, keiner sollte „faule" Kompromisse akzeptieren. Ein Kompromiss ist nur dann tragfähig, wenn die bedeutsamsten Interessen/Bedürfnisse der Beteiligten berücksichtigt werden. Lässt sich dieser Zustand nicht vollständig erreichen, wird die Umsetzung des Kompromisses zeitlich begrenzt und seine Tragfähigkeit zu einem späteren Zeitpunkt erneut überprüft.
- Eventuelle „Überbleibsel" des Konflikts werden konkret benannt: „In welchen Punkten besteht nach wie vor Uneinigkeit? Wie wollen Sie damit umgehen?"
- Alle Vereinbarungen werden möglichst konkret und überprüfbar formuliert, gegebenenfalls auch schriftlich festgehalten.
- Unrealistische Vorstellungen oder Interessen weist der/die Moderator*in zurück: „Es ist verständlich, dass Sie diesen Wunsch haben, aber im Rahmen unserer Einrichtungsziele, der aktuellen Gegebenheiten etc. lassen sich diese Wünsche nicht umsetzen."
- Falls nötig können die Konfliktparteien in dieser abschließenden Phase auch Wünsche an die Leitungskraft formulieren. Diese verlässt damit ihre neutrale Position und agiert wieder aus ihrer Organisationsrolle heraus: „Kann ich Ihnen bei der Umsetzung Ihrer Lösungen behilflich sein?" – „Haben Sie noch einen Wunsch an mich als Einrichtungsleitung?"

Vereinbarungen treffen

Fallbeispiel

Anja und Eva treffen folgende Vereinbarungen:

- Sie listen die regelmäßig wiederkehrenden organisatorischen Aufgaben auf und legen fest, wer wofür zuständig ist und bis wann die jeweiligen Aufgaben zu erledigen sind.
- Sollte die eine ihre Aufgabe vergessen haben, dann erinnert die andere einmalig in freundlichem Ton.
- Sollten Aufgaben nicht vereinbarungsgemäß ausgeführt werden, dann gibt es als Ausgleich die Übernahme einer Aufgabe, die eigentlich zum Aufgabenbereich der anderen Person gehört.

Anja und Eva sind beide zufrieden und vereinbaren einen „Bilanztermin" nach Ablauf von vier Wochen, um zu überprüfen, ob die Absprachen funktionieren oder ob sie noch einmal nachbessern müssen.

5. Die Lösungen in den Alltag überführen – den Frieden leben

Aus den ausgehandelten Lösungen, die zunächst ja nur Vorsätze sind, müssen im Alltag „Wirklichkeiten" werden. Das fordert von allen Beteiligten Aufmerksamkeit, manchmal Mut und ein gewisses Maß an Nachsichtigkeit, denn Verhaltensweisen und Einstellungen müssen erst neu justiert werden. Im Nachgang eines Konfliktes besteht die Kunst darin, nicht bei jeder Überschreitung der Absprachen sofort in die alte Konfliktspur zurückzuspringen (vgl. Lukas 2008, S. 174).

4. Konfliktklärung zwischen Gruppen

Wie oben erwähnt, kann eine Moderation nur dann gelingen, wenn Sie als Moderator*in Allparteilichkeit zusichern können. Dies gilt auch für die Moderation von Konflikten zwischen Gruppen. Sollte Ihnen unklar sein, welche Rolle Sie als Leitungskraft in einem Konflikt tatsächlich spielen, müssen Sie immer in Betracht ziehen, dass eine externe Moderation eventuell tragfähigere Konfliktlösungen erarbeiten könnte. Dennoch sei hier auf eine Methode hingewiesen, die bei sehr niedrig eskalierten Konflikten auch ohne externe Moderation angewendet werden kann. Im Rahmen der Konfliktmoderation werden Selbstbild, Fremdbild und vermutetes Fremdbild in den Blick genommen (vgl. Nowak 2021, S. 237–240).

Gruppenkonflikt

Das Gesamtteam teilt sich in zwei Gruppen auf. Die Gruppenaufteilung ist nicht frei wählbar, sondern ergibt sich zum Beispiel aus den Arbeitsbereichen oder aus den jeweiligen Konfliktparteien. In Kitas könnten zum Beispiel die Teams der Krippe sowie die Teams der Elementargruppe jeweils eine Gruppe bilden.

Jede Gruppe bearbeitet die folgenden drei Aspekte.

1. Fremdbild: Die Fragen beziehen sich darauf, wie die eine Gruppe die jeweils andere Gruppe wahrnimmt.

1. Wie erleben wir die anderen? Wie verhalten sie sich uns gegenüber?
2. Was vermuten wir, worauf die anderen besonders viel Wert legen?
3. Worin sehen wir die Stärke der anderen?
4. Was läuft gut in der Zusammenarbeit?
5. Was läuft schief in der Zusammenarbeit? Wo sehen wir Konflikte, Probleme?
6. Was würden wir gern ansprechen? Auf welche Frage(n) hätten wir gern eine Antwort?

2. Selbstbild: Die Fragen beziehen sich darauf, wie sich die beiden Gruppen jeweils selbst wahrnehmen.

1. Wie sehen wir uns in dem Konflikt? Wie beurteilen wir unser eigenes Verhalten?
2. Was ist uns wichtig? Worin sehen wir unsere Stärke?
3. Was ist unser Beitrag zur förderlichen Zusammenarbeit?
4. Welche Probleme haben wir (intern), die sich auf die Zusammenarbeit mit den anderen negativ auswirken könnten?
5. Wo sehen wir eigene Defizite?

Selbstbild

3. Vermutetes Fremdbild: Die Fragen beziehen sich darauf, was die eine Gruppe glaubt, wie die andere sie sieht.

1. Was glauben wir, wie die anderen uns sehen? Welches Image haben wir für die andern?
2. Was vermuten wir, worin die anderen unsere Stärke sehen?
3. Was glauben wir, was die anderen an uns kritisieren?
4. Was vermuten wir, dass die anderen gleich über uns sagen werden?

Vermutetes Fremdbild

Sind alle Fragen vollständig bearbeitet, werden die Antworten auf einem Flipchart notiert und nacheinander präsentiert. Dabei gilt:

- Vorwürfe und persönliche Abwertungen einzelner Personen sind zu unterlassen.
- Die Aussagen werden nicht zur Diskussion gestellt. Es sind lediglich Verständnisfragen zugelassen.

- Aussagen nach Möglichkeit mit wenigen, aber konkreten Beispielen untermauern.
- Verhaltensweisen und ihre jeweiligen Auswirkungen beschreiben.
- Inhalte klar und direkt benennen, nicht verklausulieren oder um den „heißen Brei“ herumreden.

In einer abschließenden Reflexion beziehungsweise Auswertung fragen sich alle Beteiligten:

- Was sind die wichtigsten Erkenntnisse? (Eventuell stichwortartig auf einem Flipchart sammeln.)
- Was ist neu und überraschend?
- Was sind die strittigen Themen? (Ebenfalls auf Flipchart sammeln.)
  - Strittige Themen per Punktabfrage priorisieren lassen – was müsste als Erstes, Zweites, Drittes bearbeitet werden?
  - Welche Themen können wir selbst bearbeiten, welche Themen müssen weitergereicht werden an die Leitungsebene, den Träger oder die Eltern?
- Welches Fazit lässt sich ziehen?

5. Konflikte konstruktiv beenden

Nicht alle Konflikte lassen sich im Gespräch so bearbeiten, dass die konfliktverursachenden Gegensätze aufgelöst sind und alle Beteiligten auf einen gemeinsamen Nenner kommen. Neben einer solchen Konsens- oder Kompromisslösung der Streitparteien gibt es jedoch weitere konstruktive Konfliktbeendigungen, die einen professionellen Umgang mit unvereinbaren Gegensätzen ermöglichen und die in der Regel mit der Unterstützung einer Moderatorin oder eines Moderators erarbeitet werden.

Burgfriede

Ist ein Konflikt eskaliert und erscheint eine Lösung unerreichbar, können die Konfliktparteien vereinbaren, den Konflikt nicht weiter zu thematisieren, ihn nicht weiter eskalieren zu lassen und die betroffenen Arbeitsbereiche so zu regeln, dass der Konflikt möglichst vollständig umgangen wird. Solange sich alle an die gemeinsam getroffenen Vereinbarungen halten, kann ein solcher Burgfriede die Situation sehr entspannen. Allerdings ist es notwendig, die Auswirkungen eines Burgfriedens für den jeweiligen Aufgabenbereich genau in den Blick zu nehmen. Keinesfalls dürfen wichtige Arbeitsbereiche unter der Vereinbarung leiden.

Trotz Gegensatz Frieden schließen

Der Burgfriede ist als letztes Mittel zu begreifen, wenn andere Lösungen nicht erreichbar sind. Wird diese Art der Konfliktlösung beziehungsweise -stilllegung von allen akzeptiert, kann sie eine nachhaltige und stabile Lösung darstellen.

Konfliktregelung durch die Leitung

Wenn es den Konfliktparteien nicht gelingt, eine gemeinsame und auf Dauer tragfähige Lösung zu entwickeln, stellt eine Konfliktregelung „von oben“ eine professionelle Art dar, mit unvereinbaren Gegensätzen konstruktiv umzugehen. Dies ist insbesondere dann angezeigt, wenn der Konflikt so viel Energie abzieht, dass die Arbeitsfähigkeit der Beteiligten in Gefahr ist. Anzeichen dafür sind wiederkehrende und heftige Diskussionen, die sich im Kreis drehen, oder dass die von den Konfliktparteien erarbeiteten Lösungen und Vereinbarungen (wie etwa der Burgfriede) nicht eingehalten werden und sich der Konflikt weiter verschärft. In diesen Fällen empfinden die Mitarbeitenden eine Regelung von außen durchaus als entlastend. Voraussetzung ist allerdings, dass durch diese Regelung nicht eine der Konfliktparteien gewinnt oder verliert.

Trennung

Sind die Gegensätze unüberwindbar, kann eine Trennung, die in gegenseitigem Respekt vorgenommen wird, ebenfalls ein konstruktives Konfliktende bedeuten. Insbesondere bei unüberwindbaren Wertekonflikten kann diese Form der Konfliktbeendigung notwendig und sinnvoll sein. Manche Veränderungsprozesse ziehen derartige Trennungen nach sich, weil die veränderten Arbeitsbedingungen nicht mehr für alle Mitarbeitenden akzeptabel sind. Die Gefahr besteht allerdings darin, dass die Trennung von wechselseitiger Abwertung flankiert wird, was dann doch zu einer destruktiven und damit wenig professionellen Konfliktaustragung führen würde.

IV. Herausfordernde Situationen erfolgreich handhaben

1. Umgang mit Kritik

Keiner Leitungskraft wird es gelingen, Entscheidungen durchweg so zu treffen, dass sie bei allen Mitarbeiter*innen Zustimmung finden. Insofern muss sich jede Leitungskraft auf Kritik einstellen und einen konstruktiven Umgang damit pflegen. Die folgende Strategie (vgl. Nowak 2021, S. 176 ff.) hilft dabei, Kritik weder ungefiltert anzunehmen noch sie ebenso ungefiltert abzulehnen.

1. Kritik genau anhören: Es ist wichtig, dass Sie dem/der Kritiker*in genügend Zeit geben, seine/ihre Kritik vorzutragen. Auch wenn die Kritik oder der Vorwurf mit unprofessioneller Wortwahl und starken Emotionen vorgetragen wird oder Ihnen gänzlich unberechtigt erscheint, greifen Sie nicht sofort ein, hören Sie erst aufmerksam zu! Die Emotionen zeigen Ihnen in erster Linie das Maß der Betroffenheit und lassen sich als Selbstauskunft des/der Vortragenden verstehen.

Die folgenden Fragen helfen, den Gegenstand der Kritik genauer einzugrenzen:

- „Was stört Sie konkret?"
- „Inwiefern sind Sie davon betroffen?"
- „Was genau erwarten Sie von mir?"

Wird die Kritik allerdings in unangemessener Weise vor Publikum vorgetragen, gilt anderes. Dann sind Sie gefordert, deutlich zu machen, dass Sie sich die Kritik gern anhören, dass Sie aber in diesem Rahmen das Gespräch beenden: „Ich bin offen für Ihre Kritik, aber nicht für Ihre persönlichen Angriffe!" (Nowak 2021, S. 177).

2. Den Inhalt der Kritik mit eigenen Worten wiedergeben: Auf diese Weise können Sie sicherstellen, dass Sie alles richtig verstanden haben und der/die Kritisierende merkt, dass Sie mit der Kritik respektvoll umgehen und ernsthaft versuchen, sie zu verstehen.

3. Anerkennenswerte Aspekte benennen: Beziehen Sie sich zunächst nur auf diejenigen Aspekte, die Ihnen anerkennenswert erscheinen. Alles andere lassen Sie unerwähnt. Die Sätze beginnen beispielsweise mit:

- „Ich kann verstehen, dass Sie ärgerlich (enttäuscht, traurig) sind."
- „Ich bin froh, dass Sie die Kritik geäußert haben, so habe ich Gelegenheit, mir noch einmal ganz genau zu überlegen …"
- „Wenn ich mir die Situation jetzt noch einmal unter diesen Aspekten anschaue, dann freue ich mich, dass Sie so offen gesprochen haben. Das gibt mir Gelegenheit, die Sache in einem anderen Licht zu sehen."

4. Eigenes Verhalten transparent machen (optional): Falls die Kritik durch einen Mangel an Informationen entstanden ist, können Sie Ihre Beweggründe, Ihre Ziele oder Ihr Verhalten genauer erläutern, um zu einem besseren Gesamtverständnis beizutragen. Vorsicht, dieser Schritt darf nicht dazu führen, dass Sie Ihre Entscheidungen rechtfertigen.

5. Unzutreffendes zurückweisen (optional): Falls es notwendig erscheint (und nur dann), die bisher nicht gewürdigten Kritikpunkte ebenfalls zu bearbeiten, können Sie explizit darauf hinweisen, dass Sie die entsprechenden Kritikpunkte anders beurteilen. Die Sätze beginnen beispielsweise mit:

- „Dem … stimme ich (ausdrücklich) nicht zu!"
- „Das … sehe ich (grundsätzlich) anders."
- „Ich komme im Hinblick auf … zu anderen Schlussfolgerungen."

6. Absprachen treffen: Abschließend werden Vereinbarungen darüber getroffen, wie zukünftig mit dem kritisierten Aspekt umgegangen wird.

7. Dank aussprechen: Beenden Sie das Gespräch unbedingt mit einem Dank für Offenheit, Mut und konstruktive Kritik, um deutlich zu machen, dass Sie an derartigen Auseinandersetzungen interessiert sind. Sie verhindern dadurch, dass sich Konflikte im Verborgenen hochschaukeln und eventuell als kalte Konflikte die Stimmung im Team kontaminieren. Zusätzlich befördern Sie auf diese Weise eine offene und ehrliche Feedbackkultur in Ihrem Team.

2. Bedürfnisse hinter der Kritik erkennen

Kritik wird unter Umständen auch als Schuldzuweisung oder Klage vorgetragen. Es lohnt sich, in diesen Fällen die verborgene Botschaft beispielsweise eines Bedürfnisses herauszuhören. In dem Moment, in dem sich der/die Anklagende verstanden fühlt, wird sich das Konfliktpotenzial voraussichtlich deutlich verringern.

Die auf der folgenden Seite im Kasten stehenden Beispiele (vgl. Bähner et al. 2008, S. 256 ff.) vermitteln einen ersten Eindruck davon, wie das gelingen kann.

Versteckte Bedürfnisse wahrnehmen

Das Bedürfnis hinter dem Vorwurf erkennen

Anklage	Bedürfnisorientierte Reaktion
„Ich habe jede Menge Überstunden und meine lieben Kolleginnen machen sich schöne Nachmittage!"	„Sie haben das Bedürfnis nach mehr und regelmäßiger Freizeit?" „Sie wünschen sich eine gerechtere Verteilung der Arbeitszeit?"
„Wir sitzen stundenlang bei den Dienstbesprechungen und es kommt nichts dabei heraus, alles nur sinnloses Gerede."	„Sie wünschen sich eine klarere Struktur und eindeutigere Ergebnisse?" „Sie möchten, dass der/die Moderator*in der Dienstbesprechungen stärker eingreift und dafür sorgt, dass die Themen effizient abgearbeitet werden?"
„Mich informiert ja niemand!" „Dieses Getuschel und Getratsche geht mir total auf die Nerven!"	„Sie wünschen sich einen offeneren Austausch und möchten sicher sein, dass Sie alle relevanten Informationen auch bekommen?" „Sie fühlen sich ausgeschlossen (verunsichert, abgewertet etc.), weil Sie das Gefühl haben, dass hinter Ihrem Rücken über Sie gesprochen wird?" „Sie wünschen sich einen offenen und respektvollen Umgang untereinander?"

3. Eingreifen – ja oder nein?

Fallbeispiel

Zwei Mitarbeiterinnen streiten sich wegen eines im privaten Kontext aufgetretenen Problems. Man spürt, dass zwischen den beiden schlechte Stimmung herrscht, sie gehen sich aus dem Weg und reagieren sehr kurz angebunden aufeinander. Sie sind als Leitungskraft nicht in den Konflikt involviert, Sie haben nur am Rande aufgeschnappt, worum es geht.

Als Leitungskraft müssen Sie stets abwägen, ob und wann Sie tätig werden müssen. Manchmal ist es sinnvoll, sich als Leitung „herauszuhalten" und darauf zu vertrauen, dass die „Streithähne" erwachsene Menschen sind, die ihren Konflikt allein regeln können. Greift die Leitungskraft zu früh ein, erleben die Mitarbeitenden das unter Umständen als übergriffig. Sobald jedoch die Arbeitsfähigkeit eines Teams und/oder die pädagogische Qualität der Arbeit in Gefahr ist, müssen Leitungskräfte tätig werden. Sie können zum Beispiel beide Konfliktparteien zu einem Gespräch bitten, um die Auswirkungen des Streits auf der Arbeitsebene zu veranschaulichen und um für genau diesen Arbeitsbereich entsprechende Konfliktlösungen und Strategien zu entwickeln.

Achten Sie als Leitungskraft darauf, dass Sie sich nicht als Schlichter*in für den privaten Konflikt anbieten. Das gehört nicht zu Ihren Aufgaben. Auch in diesem Gespräch ist die oben geschilderte Problemansprache (vgl. Kap. III.1) nützlich: Beschreiben Sie eine konkrete Situation, in der der persönliche Konflikt die Arbeitsbeziehung oder die Arbeitsabläufe behindert hat. Zeigen Sie auf, was der Konflikt bei Unbeteiligten wie Kindern, El-

Raushalten oder eingreifen?

tern, Kolleg*innen auslösen kann und formulieren Sie einen Wunsch (eventuell auch eine Forderung oder Erwartung) an die beiden Kontrahent*innen. Im Anschluss können diese gemeinsam mit Ihnen überlegen, wie die Umsetzung des Wunsches (Forderung oder Erwartung) gelingen kann.

4. Umgang mit Wut und Ärger

Konflikte ohne Beteiligung von Gefühlen sind undenkbar. Dabei ist es zunächst unbedeutend, ob sie offen gezeigt werden oder nur im Verborgenen vor sich hin brodeln. Dem oft gehörten Satz „Ich möchte den Konflikt sachlich lösen!" liegt manchmal die irrige Annahme zugrunde, dass Gefühle alles nur noch schlimmer machen. Emotionen sind Bestandteil eines jeden Konflikts, wären sie nicht im Spiel, gäbe es auch keinen. Gefühle sind ein wichtiger Gradmesser für die Betroffenheit der Beteiligten. Wenn Gefühle nicht beachtet werden, verschwinden sie deshalb nicht – ganz im Gegenteil. Insofern müssen die Beteiligten Gefühle wie Ärger, Wut oder Traurigkeit konstruktiv handhaben. Ihre Energie kann im besten Fall für die Konfliktbearbeitung und -lösung genutzt werden. Im Konfliktgeschehen erfüllen Gefühle zwei wichtige Funktionen:

- Sie ermöglichen allen Konfliktparteien, die jeweilige emotionale Betroffenheit bei sich und den anderen wahrzunehmen.
- Sie stellen die für die Konfliktbewältigung notwendige psychische Energie bereit.

Wutrituale

Wutrituale dienen der Energieabfuhr, ihre Durchführung eignet sich bei stark emotionalisierten Konflikten zum Einstieg in eine Konfliktbearbeitung. Sie sind mit geöffneten Augen durchzuführen, damit die Beteiligten den Bezug zum „Hier und Jetzt" nicht verlieren.

Vesuv
Diese Übung hat zum Ziel, ritualisiert „Dampf abzulassen", ohne dass der/die Konfliktpartner*in unmittelbar beteiligt wird. Es handelt sich um eine Paarübung, allerdings darf die zweite Person nicht selbst in den Konflikt involviert sein. Auch sollten ihr alle weiteren Konfliktbeteiligten möglichst unbekannt sein. Es wird eine Sitzordnung über Eck eingenommen, damit der/die Übungspartner*in der negativen Konfliktenergie nicht zu direkt ausgeliefert ist. Außerdem wird absolutes Stillschweigen über alles Gesagte vereinbart.

Die am Konflikt beteiligte Person sagt: „Ich möchte gern Dampf ablassen." Der Übungspartner oder die Übungspartnerin antwortet: „Gut, wie lange brauchst du dafür ungefähr?" und bekommt eine Zeitangabe. Anschließend wird Dampf abgelassen. Schimpfworte oder gemeine Unterstellungen sind ausdrücklich erlaubt, die Wut brodelt wie bei einem Vulkanausbruch aus der Seele. Der Übungspartner oder die Übungspartnerin hört nur zu, nickt allenfalls verständnisvoll und verzichtet auf jegliche Kommentare. Mit dem Dank des/der „Dampfablassenden" endet das Wutritual.

Bataka
In dieser Einzelübung drückt die Person ihre Wut aus, indem sie mit einem Bataka (Antiaggressionsschläger aus Schaumstoff) oder ersatzweise einem nicht zu kleinen Sofakissen auf Tisch, Sessel, Baumstamm „eindrischt". Jeden einzelnen Schlag begleitet sie mit einem wütenden Satz. Auch hier gibt es keinerlei Verbote. Alles darf ausgedrückt werden, mit welchen Worten auch immer! Die Wut wird somit nicht nur sprachlich, sondern auch kraftvoll körperlich ausagiert. Die Übung endet, wenn die Energie nachlässt.

Mut zur Wut!

Konflikte werden auch deshalb häufig als unangenehm erlebt, weil im Konfliktgeschehen heftige Gefühlsausbrüche auftreten können sowie Verhaltensweisen, die in der alltäglichen zivilisierten Kommunikation kaum angemessen wären. Dennoch müssen auch solche Extreme gehandhabt und falls nötig gebändigt werden. Ein häufig anzutreffendes Gefühl ist Wut als Ausdruck von starkem Ärger. Der Ausdruck von Wut und Ärger wird auch – meist abwertend – als Aggressivität bezeichnet. Es ist für die Konfliktbearbeitung aber bedeutsam, zwischen destruktiver und konstruktiver Aggressivität zu unterscheiden. Wird die Aggressivität genutzt, um dem Gegner maximal zu schaden bis hin zu körperlicher Verletzung oder sozialer Ächtung, kann dieser Form der Aggressivität nichts Gutes abgewonnen werden. Sie verbietet sich und muss mit allen Mitteln verhindert oder gestoppt werden. Konstruktive Aggressivität hingegen lässt sich als Energie verstehen, die genutzt wird, die eigenen Interessen durchzusetzen, sie wird dann auch eher als Wut bezeichnet. Wut kann durchaus Vorteile haben (vgl. Fehse 2022, S. 76 ff.):

Wut hat ihre Berechtigung.

- Wut schärft den analytischen Blick. Sie trägt dazu bei, zu erfühlen und zu benennen, was einem wirklich wichtig ist, nämlich das, was die Wut auslöst.
- Wut setzt Veränderungsenergie frei und motiviert, ins Handeln zu kommen, was oft mit dem Satz beginnt: „Jetzt reicht's mir"!
- Wut hilft, die Komfortzone zu verlassen und mutig Dinge anzusprechen. Zum Beispiel die berühmte Kaffeetasse, die ungespült in der Küche steht, oder das Teammitglied, das sich bei Aufgaben immer wieder unsichtbar macht. Wut hilft, Derartiges anzusprechen, auch wenn man eigentlich eher Angst vor der Reaktion des Gegenübers hat.

Wut kann durchaus destruktives Potenzial entfalten. Diese Energie verstopft dann konstruktive Konfliktlösungskanäle. Sogenannte Wutrituale (siehe Kasten auf S. 35) entfalten in diesen Fällen eine wichtige Funktion, weil sie helfen, sich der überschüssigen Wutenergie zu entledigen. Dabei muss diese Wut nicht zwingend an die Person herangetragen werden, die die Wut ausgelöst hat. Manchmal reicht es, die Wut stellvertretend auszuagieren.

Überschüssige Energie loswerden

5. Double-Bind: zwei Inhalte, eine Nachricht

In konflikthaften Situationen werden manchmal Botschaften genutzt, die zwei Nachrichten gleichzeitig transportieren sollen. Man spricht dann von Double-Bind-Botschaften. Durch Mimik, Tonfall, Kontext und Wortwahl ist unüberhörbar, dass der Sinn der genutzten Worte (explizite Botschaft) und die sich dahinter verbergende Mitteilung (implizite Botschaft) nicht deckungsgleich sind. Oft sind es die kleinen Worte wie „immer", „schon wieder" oder „nie", durch die ein negativer „Beigeschmack" entsteht. Insgesamt wirkt die Nachricht inkongruent. In der Regel reagieren Gesprächspartner*innen auf die verdeckte (implizite) Botschaft, während die explizite Botschaft in den Hintergrund tritt.

Eine Nachricht – zwei Botschaften

Fallbeispiel

Olga kippt versehentlich den Eimer mit dem Tapetenkleister um, der Inhalt ergießt sich über Maltisch und Fußboden. Kollege Sven reagiert in genervtem Tonfall mit den Worten: „Na toll, das hast du ja ganz wunderbar hinbekommen!" Olga entgegnet: „Wenn es dir so gut gefällt, dann könnte ich das mit dem Farbeimer noch einmal wiederholen."

Nur wenn es Olga gelungen ist, ihre Antwort mit neutraler Mimik und Gestik und in absolut neutralem Tonfall zu formulieren, hat sie tatsächlich rein inhaltlich auf Svens Satz reagiert. Wahrscheinlich jedoch begreift jede*r Leser*in Olgas Antwort ebenfalls als Double-Bind-Nachricht, denn vermutlich hat Olga einen eher genervten Ton angeschlagen.

In der zwischenmenschlichen Kommunikation finden sich viele Situationen, in denen derartige Double-Bind-Nachrichten unbewusst wesentlich subtiler als im obigen Beispiel genutzt werden. Das Fatale daran ist: Wird die sprechende Person auf die verdeckte Komponente der Botschaft angesprochen, kann sie den Hintersinn leugnen. Alle Beteiligten können dann zwar tiefer liegende Beweggründe erahnen, diese werden aber damit dem Gespräch entzogen. Der empfangenden Person derartiger Nachrichten bleiben folgende Möglichkeiten (vgl. Gührs/Nowak 2014, S. 105):

- Die verdeckte implizite Botschaft ignorieren und nur auf das gesprochene Wort reagieren.
- Auf die Inkongruenz der Aussage hinweisen, verbunden mit der Bitte, die verborgenen Anteile deutlich zu benennen: „Ich höre gerade zwei unterschiedliche Botschaften und weiß nicht, auf welche ich reagieren soll. Ich vermute, dass du mir ‚durch die Blume' etwas mitteilen möchtest. Kannst du mir bitte genauer sagen, worum es sich handelt?"
- Darum bitten, dass auf doppelbödige Kommunikation verzichtet wird: „Ich möchte dich bitten, dich klar auszudrücken und auf verklausulierte Aussagen zu verzichten."

Double-Bind-Botschaften sind – mit Ausnahme humorvoller Ironie – eine Kommunikationsform, die sich im beruflichen Umfeld verbietet. Es lohnt sich, das eigene Kommunikationsverhalten zu untersuchen, um herauszufinden, ob beispielsweise aus Furcht, einen Konflikt offen anzusprechen, diese dysfunktionale Kommunikationsform genutzt wird. Vielleicht in der stillen und meist irrigen Hoffnung, dass der/die Empfänger*in der Nachricht von allein versteht, was eigentlich gemeint ist.

6. Dramadreieck und manipulative Konfliktmuster

Insbesondere „Double-Bind-Nachrichten" können zu Kommunikationsmustern führen, die in der Transaktionsanalyse als „Dramadreieck" und in einer weiteren Steigerungsform als „manipulatives Spiel" bezeichnet werden (vgl. Gührs/Nowak 2014, S. 119 ff.). Beide Muster werden unbewusst genutzt, um Situationen oder Kommunikationspartner*innen im Sinne der eigenen Interessen zu manipulieren. Psychologisch betrachtet liegt darin die irrige Vorstellung, dass sich die Befriedigung von grundlegenden Bedürfnissen wie beispielsweise Lob und Anerkennung nur über derartige Manipulationen erreichen ließe. Die Erklärung der tiefer liegenden Ursachen für derartige dysfunktionale Konfliktmuster würde hier den Rahmen sprengen. Allerdings sollten Führungskräfte zumindest eine Vorstellung davon haben, woran die konfliktverschärfenden Muster „Dramadreieck" und „manipulative Spiele" im Alltag zu erkennen sind – bei sich selbst und bei anderen.

Das Dramadreieck

In diesem Modell werden drei Rollen unterschieden, die sich durch eine jeweils charakteristische Grundeinstellung ausdrücken:

1. Opfer

Die Opferrolle ist immer mit einer Selbstabwertung verbunden: „Ich kann nichts dafür, die Umstände sind so, ich bin den Verhältnissen ausgeliefert. Ich fühle mich klein und dumm und bin auf andere angewiesen, die mir helfen."

Opferrolle: auf die Hilfe anderer angewiesen sein

2. Retter*innen

Retter*innen werten ihre Mitmenschen ab, indem sie ihnen nicht zutrauen, Aufgaben und Probleme selbstständig zu lösen: „Ich muss dafür sorgen, dass alle zu ihrem Recht kommen. Ich helfe vorzugsweise den Opfern und biete Schutz und Unterstützung – gern auch ungefragt."

Retter*innenrolle

3. Verfolger*innen

Auch Verfolger*innen werten andere ab. Im schlimmsten Fall werden den Mitmenschen unlautere Absichten oder mangelnde Kompetenz unterstellt: „Ich kenne die Regeln und hüte das Wissen und die Gesetze. Meine Aufgabe besteht darin, die anderen auf Fehler hinzuweisen. Die Menschen in meiner Umgebung sind unfähig, Probleme richtig anzupacken."

Verfolger*innenrolle

In allen drei Rollen verweigern die Personen die situationsangemessene Bearbeitung eines Problems sowie die angemessene Übernahme von Verantwortung. Da nicht nur Mitarbeiter*innen sondern auch Leitungskräfte bei hoher Belastung Gefahr laufen, sich derartiger Kommunikationsmuster zu bedienen, erscheint es einerseits notwendig, sich der eigenen Präferenz bewusst zu werden (Welche Position des Dramadreiecks erscheint besonders vertraut?), und andererseits wachsam zu sein, um nicht Mitarbeiter*innen in ihren Rollen des Dramadreiecks zu bestärken.

Die Übernahme einer der Rollen des Dramadreiecks lässt sich am ehesten dadurch vermeiden, dass sich Denken, Fühlen und Handeln in angemessener Weise auf das „Hier und Jetzt" beziehen und niemand als Person, in seiner Kompetenz oder seinem Verantwortungsbereich abgewertet wird.

Manipulative Spiele

Aus jeder der oben beschriebenen Rollen heraus lässt sich der Einstieg in ein „manipulatives Spiel" initiieren. Während die Kommunikation im Dramadreieck über eine längere Zeit auf einem gleichbleibenden Niveau bleiben kann, weisen „manipulative Spiele" eine stärkere Dynamik auf. Alle Beteiligten erleben sie letztlich als unangenehm und konflikthaft. „Manipulative Spiele" folgen in ihrem Kommunikationsmuster einem „Fahrplan", vergleichbar mit Spielregeln. Daher kommt auch der Name dieses Modells. Die Phasen im Einzelnen sind:

1. Köder auswerfen: Durch scheinbar unbedeutende Signale (kurzer Satz, Frage, mimische Äußerungen oder auch nur ein ausgestoßener Laut) wird eine „Spieleinladung" aus einer Rolle des Dramadreiecks ausgesendet.

2. Spieleinladung annehmen: Ein oder mehrere Interaktionspartner*innen reagieren aus einer Rolle des Dramadreiecks auf den „Köder".

3. Harmlose Reaktionen: Die Interaktion verläuft eine Weile lang scheinbar reibungslos, jeder agiert aus seiner Rolle des Dramadreiecks. Die Interaktionen scheinen weitestgehend vorhersehbar.

4. Rollenswitch: Es kommt zu einer einseitigen Veränderung der bisherigen Rollen. Das Opfer wechselt beispielsweise zu einer verfolgenden Position, Retter*innen werden zum Opfer. Dieser Rollenwechsel kommt für alle anderen überraschend. Quasi aus heiterem Himmel ist die bisher vorhersehbar erscheinende Kommunikation beendet.

5. Moment der Perplexität: Durch den Wechsel der Rollen stellt sich das Gefühl ein, man verstehe nun nicht mehr, worum es eigentlich ging. Spätestens an dieser Stelle kann man zumindest rückwirkend reflektieren, inwieweit es sich wohl um ein „manipulatives Spiel" gehandelt haben müsste.

6. Auszahlung: Im Anschluss an den Moment der Irritation stellt sich oft neben der Ratlosigkeit ein altvertrautes, meist negatives Gefühl ein. In dieser Phase bestätigen sich lebensgeschichtlich erworbene, meist negativ konnotierte Grundüberzeugungen erneut: „War ja nicht anders zu erwarten ..."

Die folgenden Reflexionsfragen dienen dazu, ein erneutes Eintreten in ein „manipulatives Spiel" bewusst zu verhindern:

- Habe ich selbst Spieleinladungen ausgesendet? Welches Bedürfnis stand dahinter, was wollte ich eigentlich erreichen?
- Habe ich auf eine Spieleinladung reagiert? Welche Auslöser (Trigger) führen bei mir dazu, dass ich derartige Spieleinladungen annehme? Welches Bedürfnis steckt dahinter?
- Welche altbekannten Überzeugungen oder Annahmen haben sich durch dieses „manipulative Spiel" erneut bestätigt?

Es liegt auf der Hand, dass die Problembehandlung mit „manipulativen Spielen" dysfunktional und konfliktreich ist. Eine einigermaßen sichere Möglichkeit, derartige Spiele zu vermeiden, besteht darin, die Übernahme von Rollen aus dem Dramadreieck zu vermeiden. Gleichzeitig kann diesem Anspruch kaum jemand genügen. Leitungskräfte von Kitas müssen immer damit rechnen, dass zumindest der Versuch unternommen wird, sie in „manipulative Spiele" zu verwickeln. Eventuell initiieren sie derartige Spiele hin und wieder auch selbst.

Eric Berne, der Begründer der Transaktionsanalyse, hat den „manipulativen Spielen" beredte Namen gegeben, die tatsächlich im Alltag helfen können, entsprechende Spiele zu identifizieren. Hier einige wenige Beispiele (weitere Spielbeschreibungen sowie vertiefende Hinweise finden sich bei Gührs/Nowak 2014, S. 141–157):

- „Ja, aber ..." wird aus der Opferrolle initiiert. Das Problem wird als nicht lösbar dargestellt. Steigt das Gegenüber auf das Spiel ein und unterbreitet aus der „Retter*innenrolle" heraus Lösungsvorschläge, geht das Opfer zunächst scheinbar darauf ein, entkräftet sie dann jedoch umgehend mit „Ja, aber ...".
  Interventionsmöglichkeit: Keine weiteren Ratschläge mehr, sondern stattdessen Fragen stellen wie „Was könnten Sie unternehmen, um das Problem zu lösen?" oder „Was genau erwarten Sie jetzt von mir?".

Manipulative Spiele

Ablauf der Situation	Phasen	Bedeutung
Miriam trifft auf dem Flur ihre Leitung Andrea: „Hast du schon gehört, was die Eltern von Amelie gestern mal wieder veranstaltet haben?" Sie beschreibt aufgeregt und wortreich, welche Kritik die Eltern ihr gegenüber geäußert haben, und benutzt bewusst abwertende Worte: „Sag mal, Andrea, wie findest du das? Die Eltern haben doch einen Knall, oder?"	**1 Köder auswerfen**	Andrea wird aufgefordert, Stellung zu beziehen. Somit käme ihr Miriam gegenüber die Rolle der „Retterin", den Eltern gegenüber die Rolle der „Verfolgerin" zu. Miriam selbst nimmt sich selbst als Opfer wahr und „verfolgt" zugleich die Eltern. Damit sind alle Rollen des Dramadreiecks besetzt.
Andrea hört aufmerksam zu und signalisiert, dass sie ganz und gar auf der Seite von Miriam steht. Sie beteiligt sich moderat, aber doch unüberhörbar an der Abwertung der Eltern und beginnt, Miriam zu trösten.	**2 Spieleinladung annehmen**	Andrea drückt ihr „Mitspielinteresse" aus, indem sie zuhört und Miriam unmissverständlich signalisiert, dass sie zu ihr hält. Andrea übernimmt damit Miriam gegenüber die Rolle der „Retterin" und agiert als „Verfolgerin" in Bezug auf die Eltern. Miriam wird in ihrem Gefühl, Opfer unangebrachter Kritik zu sein, bestätigt.
Miriam signalisiert, dass sie der Meinung ist, dass Andrea als Leitungskraft den Eltern „ordentlich Bescheid geben" sollte, und übergibt das Problem an Andrea. Andrea denkt: „Oh nein, jetzt muss ich mit den Eltern sprechen und ich habe doch sowieso so viel zu tun. Irgendwie gibt es doch immer wieder Stress mit Miriam. Wenn ich ehrlich bin, nervt das. Kann sie nicht ihre Probleme mal selbst lösen?" Aber das hat Andrea nur gedacht und an dieser Stelle nicht kommuniziert.	**3 Harmlose Reaktion**	Die Kommunikation läuft scheinbar reibungslos. Andrea und Miriam bestätigen sich in den Rollen des Dramadreiecks. Andrea hat jetzt ein Problem mehr und Miriam ist ihr Problem erst einmal los. Im Stillen staut sich aber bei Andrea Ärger auf. Sie klebt eine Marke in ihr „Bonusheft": „Schon wieder Miriam, die mir Arbeit macht." Der Rollenswitch bereitet sich vor.
Zwei Stunden später treffen Andrea und Miriam erneut aufeinander. Für Miriam unvermittelt fährt Andrea sie an: „Mensch, kannst du deine Probleme mal allein lösen? Du bist immer und immer wieder in Konflikte mit Eltern verwickelt und ich darf dann jedes Mal die Kohlen für dich aus dem Feuer holen. Mir reicht's!" Andrea dreht sich auf dem Absatz um und verschwindet im Büro.	**4 Rollenswitch** **5 Moment der Perplexität**	Miriam ist völlig perplex. Was ist nur in ihre Leitungskraft gefahren? Und woher kommen diese Vorwürfe? In Miriams Augen hat Andrea urplötzlich die Rolle der „Retterin" gegen die „Verfolgerin" getauscht. Miriam fühlt sich jetzt auch in Bezug zu Andrea als Opfer.
Miriam bricht in Tränen aus. Dass sie sich jetzt vermutlich Trost bei Kolleg*innen holt, ist wahrscheinlich. Ihren eigenen Anteil am Zustandekommen des Konfliktes mit der Leitung kann Miriam im Moment nicht erkennen. Hier bahnt sich also eine Ausweitung des Konfliktes im gesamten System an.	**6 Auszahlung**	Miriam erfährt sich als Opfer der Verhältnisse. Biografisch erworbene Muster wie „Niemand unterstützt mich" oder „Alle greifen mich an" wiederholen sich in diesem Konflikt für Miriam. Andrea hingegen denkt: „Wie immer muss ich alles regeln" oder „Alle verlassen sich auf mich". Sowohl Andrea als auch Miriam haben diesen Konflikt unbewusst „inszeniert". Letztendlich bestätigen sich für beide biografisch erworbene Glaubenssätze: „Immer muss ich mich um alles kümmern" für Andrea. „Keiner unterstützt mich, wenn ich in Schwierigkeiten stecke" für Miriam.

Eine Lösung ist nur erreichbar, wenn Andrea und Miriam ihre jeweilige Rolle des Dramadreiecks verlassen, sich ihrer eigenen biografischen Muster bewusst werden und im „Hier und Jetzt" nach geeigneten Lösungen für das Problem suchen.

Beispiele für Interventionen auf den unterschiedlichen Stufen der Passivität

Ablauf der Situation	Stufe der Passivität	Interventionen
Frida, die neue Praktikantin, kommt wiederholt bis zu 15 Minuten zu spät. Ihre Anleiterin spricht sie darauf an. Fridas Reaktion: „Ach ja, stimmt, ist ja aber auch echt früh, 8 Uhr." Dann dreht sie sich weg und geht zu den Kindern.	**Stufe 1:** Frida leugnet die Existenz eines Problems. 1	Die Anleiterin erwidert mit ruhiger Stimme: „Unser Gespräch war noch nicht beendet, ich bitte dich zurückzukommen. Wir werden jetzt die Minuten, die du zu spät gekommen bist, zusammenzählen und ich erwarte, dass du diese Minuten in den nächsten Tagen nacharbeitest und ab jetzt pünktlich zum Dienstbeginn hier bist." Es ist auf dieser Stufe wichtig, dass das Problem tatsächlich erlebbar wird, indem konkrete Konsequenzen benannt und umgesetzt werden.
Das Verhalten verbessert sich etwas, Frida kommt aber weiterhin häufig einige Minuten zu spät. Sie wird erneut darauf angesprochen. Ihre Reaktion: „Ich weiß echt nicht, warum sich hier alle so aufregen, es sind immer genügend Erwachsene anwesend und ihr steht doch auch nur rum und quatscht miteinander."	**Stufe 2:** Frida erkennt jetzt, dass es ein Problem gibt, aber sie leugnet, dass dieses Problem eine Bedeutung hat. Gleichzeitig wehrt sie die Aufforderung, pünktlich zu kommen, ab und wertet im selben Atemzug ihre Kolleg*innen ab. 2	Hier sind Interventionen nötig, die dafür sorgen, dass das Problem für Frida bedeutungsvoll wird, etwa: „Du hast recht, um 8 Uhr sind schon einige Erzieher*innen vor Ort. Wir haben auch noch einen Frühdienst, da kommt es auf jeden an. Ich möchte dich bitten, dass du ab morgen um 7 Uhr zum Frühdienst dazukommst. Da können wir deine Unterstützung sehr gut brauchen."
Frida erscheint jetzt einige Tage pünktlich, auch zum Frühdienst. Dann ist sie wieder häufiger verspätet. Als Grund gibt sie an, dass der Zug Verspätung habe.	**Stufe 3:** Frida erkennt inzwischen das Problem an. Es hat auch eine Bedeutung, aber sie fühlt sich für die Lösung des Problems nicht verantwortlich. 3	Ab dieser Stufe geht es darum, Frida aufzufordern, selbst Verantwortung für die Lösung des Problems zu übernehmen. Lösungsvorschläge von außen wehrt sie vermutlich ab. Die Anleiterin kann Frida daher auffordern, mehrere alternative Lösungsmöglichkeiten zu entwickeln, aus denen dann eine Lösung ausgesucht wird.
Als Frida nach einigen Tagen erneut zu spät erscheint, gibt sie als Entschuldigung an, dass sie einfach keine Frühaufsteherin sei und deshalb leider alle damit leben müssten, dass sie immer wieder zu spät käme. Einen früheren Zug zu nehmen, sei für sie keine Option.	**Stufe 4:** Frida hat inzwischen ein Problembewusstsein. Ihr ist eigentlich klar, dass sie die Verantwortung für die Verspätungen übernehmen müsste, aber sie leugnet, dass sie die Kompetenz hat, die Lösung auch durchzuführen. 4	Die Anleiterin muss Frida deutlich machen, dass ihr Verhalten unkollegial ist. Gleichzeitig lassen sich möglicherweise Kompromisse finden, indem Frida aktiv anbietet, zusätzliche Aufgaben zu übernehmen, sodass Kolleg*innen bereit wären, ihr einen späteren Dienstbeginn zu ermöglichen.

Das passive Verhalten ist aufgelöst, wenn es Frida gelingt, aktiv Verantwortung für die Lösung ihres Problems zu übernehmen!

- „Ist es nicht schrecklich" wird aus der Verfolger*innen- oder Opferrolle begonnen. Es kann dazu dienen, Ärger oder Enttäuschung „abzufackeln", ohne sich tatsächlich mit dem zugrunde liegenden Problem auseinanderzusetzen.
  Interventionsmöglichkeit: „Wollen Sie dagegen etwas unternehmen? Sonst würde ich jetzt gern das Thema wechseln."
- „Ich versuche ja nur, Ihnen zu helfen" wird aus der Retter*innenrolle begonnen und zeichnet sich dadurch aus, dass ungefragt Ratschläge oder übertriebene Hilfsangebote verteilt werden.
  Interventionsmöglichkeit: „Ich werde über Ihren Vorschlag nachdenken" oder „Danke für Ihr Unterstützungsangebot, aber ich versuche es erst einmal allein, gegebenenfalls komme ich auf Ihr Angebot zurück."

7. Umgang mit Passivität

Es gibt Mitarbeitende, die nur wenig Energie aufbringen, bestehende Probleme aktiv anzupacken. Sie bleiben auch bei bedrängenden Problemlagen erstaunlich passiv. Der Begriff der Passivität bezieht sich dabei nicht primär auf den beobachtbaren Grad allgemeiner Aktivität, sondern auf die Energie, die aufgewendet wird, ein anstehendes Problem aktiv zu lösen. Insofern kann sich Passivität durch verschiedene Verhaltensweisen zeigen. Alle Verhaltensweisen verhindern eine konstruktive, verantwortungsvolle sowie realitätsnahe Problemlösung (vgl. Gührs/Nowak 2014, S. 161–172).

Passives Verhalten lässt sich in vier Abstufungen beschreiben, denn es werden jeweils unterschiedliche problembezogene Aspekte der Realität geleugnet:
Stufe 1: Die Existenz des Problems wird geleugnet.
Stufe 2: Die Bedeutung des Problems wird geleugnet.
Stufe 3: Die generelle Lösbarkeit des Problems wird geleugnet.
Stufe 4: Die persönliche Kompetenz, das Problem lösen zu können, wird geleugnet.

Passives Verhalten lässt sich nur dadurch wirksam auflösen, dass der/die passiv Agierende ein Problem als bedeutungsvoll einstuft und die Lösbarkeit nicht mehr infrage stellt. Insofern müssen auf Stufe 1 und 2 Interventionen ausgewählt werden, die dazu führen, dass der/die passiv Agierende die Bedeutung eines Problems tatsächlich fühlt und erlebt. Die Schwierigkeit besteht darin, dass es sich unter Umständen ziemlich „fies und gemein" anfühlt, dafür sorgen zu müssen, dass eine Person ein Problem tatsächlich fühlt und erlebt (vgl. Beispiel auf S. 40). Auf den Stufen 3 und 4 zielen Interventionen darauf ab, dass der/die passiv Agierende Verantwortung für die Entwicklung von umsetzbaren Lösungen übernimmt.

Interventionen führen immer nur dann zum Erfolg, wenn sie auch zur jeweiligen Stufe der Passivität passen. Wer sich weigert, die Bedeutung eines Problems anzuerkennen, wird sich folgerichtig auch nicht für die Lösung desselben verantwortlich fühlen.

8. Sonderfall Mobbing

Der Begriff „Mobbing" wird schnell und teilweise geradezu inflationär genutzt, wenn es um Meinungsverschiedenheiten und Probleme geht, bei denen eine Person sich innerhalb einer Gruppe benachteiligt oder unterlegen fühlt. Mobbing lässt sich allerdings klar abgrenzen von einem lieblosen Kommunikationsstil, einem schlechten Betriebsklima, vereinzelter unsachlicher Kritik oder unproduktiven Streitmustern innerhalb eines Teams/einer Organisation. Mobbing bezeichnet einen Prozess innerhalb einer Gruppe, in dessen Verlauf mehrere Personen eine Zielperson mehrmals wöchentlich und über Monate hinweg systematisch schikanieren, abwerten, belästigen, erniedrigen und ausgrenzen. Die Angriffe können sich auf die Arbeitsleistung beziehen oder gegen die Person selbst richten, etwa aufgrund von Geschlecht, Herkunft, Aussehen, Charaktereigenschaften etc.

Mobbing: Erniedrigung, Schikane, Ausgrenzung

Bei Mobbing geht es nicht wie im Konfliktmanagement um die konstruktive Verhandlung von Bedürfnissen, Interessen oder Positionen, sondern in erster Linie um die bewusste und zielgerichtete Beschädigung und Abwertung des Opfers. Die Zielperson hat in der Regel keine Chance, den Konflikt konstruktiv zu lösen. Mobbing ist insofern auch ein Ausdruck des Versagens der betrieblichen Unternehmenskultur (vgl. Burfeind 2020, S. 49).

Mobbing kann grundsätzlich jeden treffen. Besonders oft kommt es in sozialen Berufen vor und es findet auf fast allen hierarchischen Ebenen statt (vgl. Teuschel 2010, S. 58). Häufig wird es unter Gleichgestellten ausgeübt, teilweise aber auch durch Vorgesetzte („Bossing") und gegen Vorgesetzte („Staffing"). Es handelt sich um ein systemisches Geschehen, bei dem es keine Unbeteiligten gibt. Denn auch die Zuschauenden, die sich bei Abwertungen und Angriffen gegen die Zielperson heraushalten möchten, tragen durch ihre Passivität und die schweigende Akzeptanz dazu bei, dass sich die Mobbingdynamik verschärft. Die Betroffenen haben keine ausreichende Fähigkeit, sich selbst zu helfen. Das Gefühl, „nichts mehr richtig machen zu können", begleitet sie fortwährend. Den Angriffen von Kolleg*innen schutz- und chancenlos ausgeliefert zu sein, erzeugt das Gefühl von Hilflosigkeit und Verzweiflung. Die Folgen sind der Verlust von Engagement und Arbeitszufriedenheit bis hin zu massiven psychischen oder physischen Problemen (Schlaflosigkeit, psychosomatische Erkrankungen, Depressionen). Am Ende des Mobbingprozesses haben viele Betroffene keine andere Möglichkeit, als den Arbeitsplatz zu wechseln (vgl. Nowak 2021, S. 233).

Phasen im Mobbingprozess

Mobbingprozesse verlaufen häufig in folgenden Eskalationsstufen (vgl. Burfeind 2020, S. 34/Nowak 2021, S. 234).

- **Phase 1**: Ein ungelöster oder unzureichend bearbeiteter Konflikt sorgt für Abwertung, Schuldzuweisungen sowie erste persönliche Angriffe gegen ein bestimmtes Teammitglied.

- **Phase 2**: Die Differenzen nehmen zu, die Schikanen werden systematischer und in Bezug auf Häufigkeit und Intensität verstärkt. Das Selbstwertgefühl der zunehmend isolierten Zielperson nimmt ab, der ursprüngliche Konflikt gerät in den Hintergrund.

- **Phase 3**: Es kommt zu offenen Schuldzuweisungen an das Opfer, das „als Problem" wahrgenommen wird. Die Zielperson fühlt sich verunsichert und verzweifelt, sie entwickelt erste psychische und physische Stresssymptome, unter denen die Arbeitsleistung messbar leidet. Die Führungskräfte drohen mit arbeitsrechtlichen Maßnahmen wie Abmahnung, Versetzung oder Kündigung.

- **Phase 4**: Die Betroffenen leiden unter psychosomatischen Krankheiten, die eine langfristige Krankschreibung oder eine dauerhafte Arbeitsunfähigkeit nach sich ziehen. Viele Mobbingopfer kündigen von sich aus oder willigen in einen Auflösungsvertrag ein. Aus Sicht des Teams und der Führung ist das Problem damit „gelöst", eine Aufarbeitung findet in der Regel nicht statt.

Um Mobbing bereits in den Anfängen zu unterbinden, ist ein sehr frühes Eingreifen von Führungskräften, „unbeteiligten Beteiligten", Zuschauenden oder den Beteiligten selbst zwingende Voraussetzung. Führungskräfte haben nach § 618 Abs. 1 BGB eine Fürsorgepflicht für Leben und Gesundheit ihrer Mitarbeitenden und **müssen** tätig werden, sobald ihnen von Mobbing berichtet wird. Wer Hinweisen bewusst nicht nachgeht oder sich als Führungskraft an der Ausübung von Mobbing beteiligt, haftet für die Mobbingfolgen (vgl. Burfeind 2020, S. 50).

Ab Phase 2 ist eine sinnvolle Intervention meist nur noch mit professioneller Unterstützung von außen möglich. Mit allen am Mobbingprozess Beteiligten (Mobbende, Betroffene, Zuschauende) müssen in diesem Fall getrennte Gespräche geführt werden. Ziel ist, die mobbenden Personen zu stoppen und Konsequenzen aufzuzeigen, Betroffene zu ermutigen und zu unterstützen sowie die Zuschauenden und vermeintlich „Unbeteiligten" mit den Folgen ihres passiven Verhaltens zu konfrontieren. Wird das Mobbing nicht gestoppt oder im Falle einer Kündigung durch das Mobbingopfer im Nachhinein nicht aufgearbeitet, besteht die Gefahr, dass es sich als geduldetes oder gar akzeptiertes Konfliktmuster in der Kultur einer Organisation festsetzt. Das beste Mittel gegen Mobbing im Team ist Prävention (vgl. Nowak 2021, S. 236 f.)! Dazu gehören

- eine gute Feedbackkultur,
- die Fähigkeit und die Erlaubnis, Konflikte offen anzusprechen,
- gegenseitige Wertschätzung und Respekt gegenüber Unterschiedlichkeit,
- regelmäßige Supervision,
- interne oder externe Anlaufstellen für Mobbing und Diskriminierung.

V.

Konfliktprävention – Modelle, Übungen und Reflexionsanregungen

1. Verschiedenheit nutzen

Konflikte lassen sich unmöglich vermeiden, sie gehören einfach dazu. Allerdings kann jedes Team/jede Organisation eine Konfliktkultur entwickeln, damit Konflikte frühzeitig erkannt und bearbeitet werden können und das Team „konfliktfest" aufgestellt ist.

Manche Konflikte entstehen, weil Menschen in ihren Bedürfnissen sowie ihren Fähigkeiten und Kompetenzen sehr unterschiedlich sind. Es ist unter Umständen schwer nachzuvollziehen und noch schwerer auszuhalten, dass Menschen gänzlich andere Bedürfnisse haben als man selbst. So kann Vielfältigkeit – ein ansonsten gewinnbringender Zustand – zur Ursache von Konflikten werden.

Das folgende von Riemann und Thomann entwickelte Modell (vgl. Gellert/Nowak 2010, S. 320) eignet sich dazu, sich solcher Unterschiedlichkeit bewusst zu werden, ohne Verschiedenheit als Konkurrenz zu deuten oder gar als Bedrohung wahrzunehmen, sondern im Gegenteil als Bereicherung und Chance zu verstehen.

Persönlichkeitsstile nach Riemann

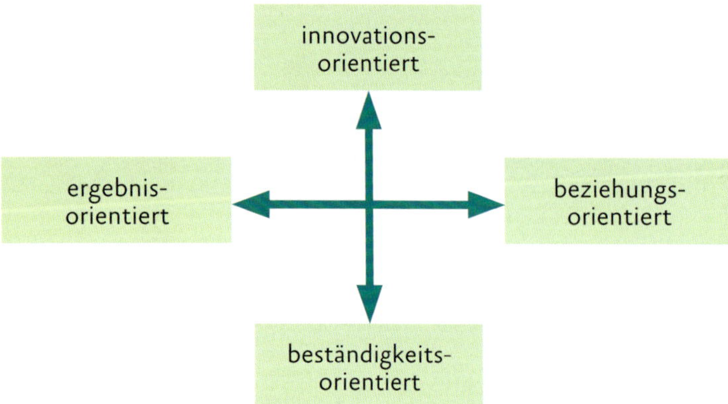

Quelle: Gellert/Nowak 2010, S. 320

Das Modell unterscheidet Personen hinsichtlich ihres Bedürfnisses nach „Nähe versus Distanz" sowie im Hinblick auf „Dauer versus Wechsel". Überträgt man das Modell auf das berufliche Umfeld, ergeben sich daraus folgende Gegensatzpaare:

- Mitarbeitende, die in ihrer Arbeit eher ergebnisorientiert vorgehen (Distanz), und andere, die eher beziehungsorientiert (Nähe) arbeiten.
- Mitarbeitende, die eher Freude an Veränderungen und Innovationen haben (Wechsel), und andere, die Beständigkeit (Dauer) bevorzugen.

Daraus lassen sich vier verschiedene Persönlichkeitsstile ableiten, die im Grad ihrer individuellen Ausprägung variieren können (vgl. Abbildung links). Die 4 Muster sind:

- Innovations- und ergebnisorientiert
- Innovations- und beziehungsorientiert
- Beständigkeits- und ergebnisorientiert
- Beständigkeits- und beziehungsorientiert

Manche Konflikte lassen sich besser verstehen, wenn man sie unter dem Aspekt der Persönlichkeitsstile betrachtet: Wer gerne neue Dinge ausprobiert, fühlt sich durch Kolleg*innen, die viel Wert auf Beständigkeit legen, möglicherweise ausgebremst. Im Gegenzug fühlt sich jemand, der Beständigkeit liebt, durch die Innovationsfreude einer anderen Fachkraft permanent angetrieben. Auch in Bezug auf Ergebnis- und Beziehungsorientierung ließen sich entsprechende Gegensatzpaare beschreiben.

Keiner dieser Pole ist besser oder bedeutsamer als ein anderer. Die Herausforderung im Team besteht darin, die Pole in einem dynamischen Gleichgewicht zu halten und Kolleg*innen mit anderen Präferenzen als den eigenen nicht abzuwerten. Ist in einem Team bekannt, wer sich zu welchen Polen hingezogen fühlt, dürfte es deutlich leichter fallen, eigene Bedürfnisse klar auszudrücken, andersartige Interessen ernst zu nehmen und Kompromisse unter respektvoller Anerkennung von Verschiedenheit zu entwickeln (vgl. Gellert/Nowak 2010, S. 320 ff.). Konflikte können vor diesem Hintergrund als Aufforderung verstanden werden, fremd erscheinenden Interessen und Bedürfnissen wieder mit mehr Achtsamkeit zu begegnen.

Reflexionsanregung: den eigenen Persönlichkeitsstil erkennen

Überlegen Sie zunächst jede*r für sich allein, welchem der in der Abbildung aufgeführten Persönlichkeitsstile Sie sich am ehesten zugehörig fühlen.
Markieren Sie auf den jeweiligen Achsen, wie ausgeprägt Sie die jeweiligen Aspekte bei sich selbst wahrnehmen (die Stärke nimmt nach außen zu). Nachdem Sie Ihre eigene Präferenz eingezeichnet haben, tauschen Sie sich über Ihre jeweiligen Persönlichkeitsstile mit Ihren Teamkolleg*innen aus:

- Stimmen Selbst- und Fremdwahrnehmung überein?
- Wenn Sie Ihre Persönlichkeitsstile vergleichen: Wo gibt es Überschneidungen, wo Unterschiede?
- Welches Konfliktpotenzial ergibt sich aus den unterschiedlichen Persönlichkeitsstilen?
- Lassen sich präventiv konfliktmindernde Absprachen treffen?
- Sollten die Präferenzen sich stark ähneln, überlegen Sie, welche Stärken sich dadurch ergeben und in welchen Bereichen sich ein Mangel ergeben könnte.

Fallbeispiel

Matthias leitet seit wenigen Jahren eine Kita mit sechs Gruppen. Er sieht sich selbst im Quadranten des innovations- bis ergebnisorientierten Persönlichkeitsstils. Die Teamkultur hingegen wird von dem Persönlichkeitsstil der Beständigkeits- und Beziehungsorientierung dominiert. Dieser Umstand führt immer wieder zu erheblichen Spannungen zwischen Matthias und seinem Team. Letzteres reagiert mit Widerstand und offener Rebellion auf Matthias' Veränderungsideen. Er ist enttäuscht und ertappt sich dabei, dass er sein Team als „faul" und „rückständig" bezeichnet. Nachdem in einem entsprechenden Supervisionsprozess deutlich wird, dass sehr gegensätzliche Persönlichkeitsstile aufeinanderprallen, werden konfliktmildernde Absprachen getroffen: Matthias verzichtet darauf, dem Team alle seine Ideen vorzustellen. Er bringt nur noch Innovationen ein, die ihm wirklich wichtig und notwendig erscheinen. Im Gegenzug reagiert das Team auf die notwendigen Veränderungen mit deutlich mehr Umsetzungsbereitschaft. Zusätzlich führt Matthias, um dem Bedürfnis der Beziehungspflege im Team Rechnung zu tragen, zu Beginn jeder Dienstbesprechung 15 Minuten freie Austauschzeit ein. Matthias hat gelernt, den Beziehungsaspekt wertzuschätzen. Das Team hat gelernt, dass Veränderungen positive Weiterentwicklung ermöglichen. Insgesamt lassen sich aufkeimende Konflikte deutlich schneller und leichter bearbeiten, seitdem bei Konfliktbearbeitungen die Verschiedenheit der Bedürfnisse mitgedacht und anerkannt wird.

2. „Drei-Karten-Feedback"

Diese Methode (vgl. Gellert/Novak 2010) ist geeignet, die Entwicklung einer tragfähigen Teamkultur zu unterstützen. Dazu gehört neben dem ehrlichen Interesse an den Teamkolleg*innen und einem achtsamen Umgang miteinander ebenfalls, sich kritisches Feedback zu geben bzw. dieses zu erhalten. So kann beispielsweise ein frühes Ansprechen von Irritationen dazu führen, dass sich Sachverhalte klären, bevor sie sich zu einem handfesten Konflikt ausgewachsen haben.

Als Leitungskraft müssen Sie gut überlegen, welche Rolle Sie bei der folgenden Übung einnehmen wollen. Eventuell ist es sinnvoll, lediglich den Prozess zu moderieren und darauf hinzuweisen, dass Sie gern in Einzelsituationen entsprechende „Kartengespräche" führen, sich aber in dieser Phase aus dem Teamprozess heraushalten.

Ablauf: Jede*r bekommt eine weiße, eine grüne und eine rote Karte, auf die jeweils der eigene Name geschrieben wird. Die Karten werden nach verschiedenen Kriterien an andere Teammitglieder verteilt:

- Weiße Karte: Diese Karte wird an jemanden vergeben, bei dem es noch einen ehrlichen, aber unkritischen Orientierungswunsch gibt („Mich interessiert …", „Ich habe mir die Frage gestellt, ob …").
- Grüne Karte: Diese Karte wird an jemanden vergeben, mit dem ein Problem existiert oder mit dem beispielsweise kritische Fragen der Zusammenarbeit geklärt werden sollen.

Bei dem entsprechenden „Kartengespräch" kommt es darauf an, die kritischen Punkte klar und eindeutig anzusprechen. Allerdings sollte auf Vorwürfe verzichtet werden, stattdessen sind „Ich-Botschaften" das Mittel der Wahl. Die schon vielfach erwähnte Problemansprache (vgl. Kap. III.1) kann auch hier zum Einsatz kommen.

Auf die Verteilung der grünen Karte wird bisweilen mit einem gewissen Widerstand reagiert. Sie birgt aber die Chance, bereits auf einer niedrigen Eskalationsstufe Irritationen oder Unstimmigkeiten anzusprechen und im besten Fall auszuräumen. Falls der Widerstand zu groß wird, kann statt einer grünen eine zweite weiße Karte eingesetzt werden.

- Rote Karte: Diese Karte wird an jemanden vergeben, dessen Zusammenarbeit man in besonderer Weise schätzt oder zu dem eine vertrauensvolle Beziehung besteht.

Alle Teammitglieder haben nun die Aufgabe, alle ihre Karten zunächst kommentarlos zu verteilen. Anschließend gibt jede*r die erhaltenen Karten mit der Bitte um ein Gespräch an den/die Geber*in zurück. Die Initiative für das Gespräch geht also von der Person aus, die die Karte erhalten hat. In diesen „Kartengesprächen" wird möglichst ausführlich erläutert, mit welcher Intention die jeweilige Karte vergeben wurde. Am Ende dieser Phase hat jede*r die eigenen Karten zurückerhalten. Auch wenn jemand keine Karte bekommen hat, führt doch jede*r mindestens die drei Gespräche, die sich durch das Verteilen der eigenen Karten ergeben.

In einer Abschlussrunde findet der Austausch über die Erfahrungen aus den verschiedenen Gesprächen statt, auch offene Fragen können geklärt werden:

- Was ist deutlich geworden?
- Ergeben sich für die weitere Zusammenarbeit neue Impulse?
- Ergeben sich weiterführende Notwendigkeiten wie beispielsweise Konfliktmoderation, Supervision, Coaching?

3. Gut vorbereitet für den Konfliktfall

Da es, wie bereits vielfach erwähnt, unmöglich ist, Konflikte generell zu vermeiden, können sich präventive Maßnahmen auszahlen. Die im Folgenden aufgelisteten Aspekte haben sich in der Praxis bewährt.

1. Beschwerdemanagement für Mitarbeitende: Wird ein entsprechendes Konzept neu entwickelt, sollten alle Mitarbeitenden einbezogen werden. Sie als Leitungskraft wissen am besten, welche Beschwerden gegebenenfalls auflaufen könnten und welcher Umgang damit aus Sicht der Mitarbeiter*innen sinnvoll erscheint. Folgende Aspekte sollten bei der Ausarbeitung berücksichtigt werden:

- Wer ist für welche Art von Beschwerden jeweils Ansprechpartner*in (Leitungskraft, Mitarbeitervertretung, Fachberatung, externe Supervision, Einzelcoaching)?
- In welcher Form werden Beschwerden geäußert (mündlich, per Formular, per Mail etc.)?
- In welchem Zeitraum und von wem werden Beschwerden bearbeitet bzw. beantwortet?
- Sind anonyme Beschwerden zulässig oder einigt man sich darauf, dass die Beschwerdeführer*innen sich auch als solche zu erkennen geben müssen?

2. Mitarbeitende als Konfliktlotsen ausbilden: Bei niedrig eskalierten Konflikten zwischen Mitarbeitenden oder Eltern und pädagogischen Mitarbeiter*innen können die Konfliktlotsen hinzugezogen werden, um einen Konfliktklärungsprozess zu moderieren und dadurch eine weitere Eskalation zu verhindern.

3. Externe Konfliktmoderator*innen: Organisieren Sie als Leitungskraft die Adressen solcher Expert*innen und klären Sie, welche finanziellen Mittel für eine Konfliktmoderation aufgebracht werden müssten. Starten Sie außerdem eine Voranfrage bei den entsprechenden Kostenstellen. Dort klären Sie vorab, unter welchen Bedingungen die Kosten für eine externe Konfliktberatung übernommen würden.

4. Interessenvertretung der Arbeitnehmer*innen (Personalrat, Betriebsrat, MVA), Einrichtungsleitung, Träger: Klären Sie die Zusammenarbeit für den Konfliktfall ab. Welche Konflikte können von der Interessenvertretung bearbeitet werden, wo müssen diese sich heraushalten, weil ein Konflikt nicht in ihrem Zuständigkeitsbereich liegt?

5. Rechtsberatung: Konflikte können derart eskalieren, dass rechtliche Schritte unternommen werden müssen (Abmahnung, Kündigung, Klage). Leitungskräfte sind in der Regel für derlei Fragen nicht ausgebildet. Um dem Konflikt nicht mehr Zeit und Energie einzuräumen als unbedingt notwendig, ist eine entsprechende Rechtsberatung notwendig. Die Wege und Kontaktdaten können bereits in „Friedenszeiten" erkundet werden.

Fazit

Abschließend ist festzustellen, dass Einrichtungen immer nur so konfliktfest sind, wie ihre Mitarbeiter*innen es sind – Leitungskräfte eingeschlossen. Schließlich sind sie es, die in Konflikte geraten und dann auch wieder aus ihnen herausfinden müssen. Alle prophylaktischen Maßnahmen von der Teampflege bis zur Rechtsberatung zahlen sich im Konfliktfall mehrfach aus. Das Ziel besteht darin, Konflikte als festen Bestandteil lebendiger Zusammenarbeit zu akzeptieren, und alles daran zu setzen, Eskalationen zu vermeiden. Die Entwicklung einer tragfähigen Konfliktkultur kann somit als wichtiger Baustein einer umfassenden Personal- und Organisationsentwicklung verstanden werden.

Präventive Maßnahmen helfen, Eskalationen zu vermeiden.

Literatur

Bähner, Ch./Oboth, M./Schmidt, J. (2008): Konfliktklärung in Teams & Gruppen. Praktische Anleitung und Methoden zur Mediation in Gruppen. Praxisbox. Paderborn: Junfermann.

Berkel, K. (2014): Konflikttraining. Konflikte verstehen, analysieren, bewältigen. 12., überarb. und erw. Aufl. Hamburg: Windmühle Verlag.

Besemer, Ch. (2002): Konflikte verstehen und lösen lernen. Freiburg/Wahlenau: WfGA-Buchversand – Gewaltfrei Leben Lernen.

Burfeind, C. (2020): Mobbing am Arbeitsplatz erkennen und verstehen. Tipps für verantwortliches Handeln im BGM. Wiesbaden: Springer Fachmedien.

Faller, K. (2014): Triadische Konfliktbearbeitung in Unternehmen und Organisationen. In: Faller, K./Fechler, B./Kerntke, W.: Systemisches Konfliktmanagement. Modelle und Methoden für Berater, Mediatoren und Führungskräfte. Stuttgart: Schäffer-Poeschel. S. 47–57.

Fechler, B. (2014): Konfliktmanagement als Regulation der moralischen Anerkennungsökonomie. In: Faller, K./Fechler, B./Kerntke, W.: Systemisches Konfliktmanagement. Modelle und Methoden für Berater, Mediatoren und Führungskräfte. Stuttgart: Schäffer-Poeschel. S. 21–33.

Fehse, Y. (2022): Mut zur Wut. Negative Gefühle konstruktiv nutzen. In: ManagerSeminare 290/2022, S. 76–81.

Gellert, M./Nowak, C. (2010): Teamarbeit – Teamentwicklung – Teamberatung. Ein Praxisbuch für die Arbeit in und mit Teams. 4. erw. Aufl. Meezen: Limmer Verlag.

Glasl, F. (1999): Konfliktmanagement. Stuttgart: Verlag Freies Geistesleben.

Glasl, F. (2015): Selbsthilfe in Konflikten. Stuttgart: Verlag Freies Geistesleben.

Gührs, M./Nowak, C. (2014): Das konstruktive Gespräch. Ein Leitfaden für Beratung, Unterricht und Mitarbeiterführung mit Konzepten der Transaktionsanalyse. 7. überarb. und erw. Aufl. Meezen: Limmer Verlag.

Kerntke, W. (2014): Konfliktfolgekosten als nützlicher Fokus der Aufmerksamkeit. In: Faller, K./Fechler, B./Kerntke, W.: Systemisches Konfliktmanagement. Modelle und Methoden für Berater, Mediatoren und Führungskräfte. Stuttgart: Schäffer-Poeschel, S. 59–66.

Limmer, Ch./Becker, D./Riebl, A. (1995): 88 Impulse zur Gewaltprävention. Hrsg.: Landesinstitut Schleswig-Holstein für Praxis und Theorie der Schule (IPTS); Aktion Kinder und Jugendschutz e. V. in Schleswig-Holstein; Nordelbisches Jugendpfarramt.

Lukas, E. (2008): Den ersten Schritt tun. Konflikte lösen – Frieden schaffen. München: Kösel.

Mannhard, A. (2021): Teamkonflikte in der Kita erkennen und lösen. München: Don Bosco.

Midelhof, H. (2016): Quadratische Konfliktanalyse. Sichtweisen nach den vier Aspekten der Kommunikation analysieren. In: Knapp, P.: Konfliktlösungs-Tools. Klärende und deeskalierende Methoden für die Mediations- und Konfliktmanagement-Praxis. Bonn: managerSeminare Verlag. S. 109–114.

Nowak, C. (2021): Konfliktlandschaften. Konflikte in Organisationen erkennen, analysieren und lösen. Meezen: Limmer Verlag.

Rosenberg, M. B. (2009): Gewaltfreie Kommunikation. Eine Sprache des Lebens. Paderborn: Junfermann.

Schulz von Thun, F. (1999): Miteinander reden 1. Störungen und Klärungen. Hamburg: Rowohlt.

Schulz von Thun, F.: Das Werte- und Entwicklungsquadrat. https://www.schulz-von-thun.de/die-modelle/das-werte-und-entwicklungsquadrat (letzter Zugriff: 29.06.2022).

Stewart, I./Joines, V. (2000): Die Transaktionsanalyse. Eine Einführung. Freiburg: Herder Spektrum.

Teuschel, P. (2010): Mobbing. Dynamik – Verlauf – gesundheitliche und soziale Folgen. Stuttgart: Schattauer-Verlag.

Thurmann, B. (2011): Klare Rolle – klare Führung. In: Kindergarten heute – das Leitungsheft. 1_2011, 4. Jahrg. S. 21–26.

Thurmann, B./Weiher, K. (2018): Mit Widerständen umgehen – Konfliktdynamiken verstehen. In: Riecke-Baulecke, T. (Hrsg.): Das große Handbuch Personal und Führung in der Kita. Köln/Kronach: Carl Link, S. 546–575.

Dank

Unser Dank gilt zuvorderst den Teilnehmer*innen unserer Fort- und Weiterbildungen, mit denen wir gemeinsam die vielfältigsten beruflichen Konflikte analysiert und bearbeitet haben. Für das uns entgegengebrachte Vertrauen sind wir sehr dankbar. Für die kritische Durchsicht des Textes danken wir Dr. Martin Stahlmann, Dr. Eva Burchardt, Dr. Gabriela Husmann sowie Hajo Löffler.

Impressum

leiten kompakt: Souverän mit Konflikten umgehen – Tools, Methoden, Erfahrungswissen ist ein Sonderheft von kindergarten heute – Das Fachmagazin für Frühpädagogik.

Redaktion
Thilo Bergmann (verantw.)
0761 / 2717-209
E-Mail: bergmann@herder.de

Franziska Aehlen
0761 / 2717-238
E-Mail: aehlen@herder.de

Anschrift der Redaktion
Hermann-Herder-Str. 4
79104 Freiburg
Tel.: 0761 / 2717-322
E-Mail: redaktion@kindergarten-heute.de
www.kindergarten-heute.de

Verlag
© Verlag Herder GmbH, Freiburg i. Br. 2023
Alle Rechte vorbehalten
www.herder.de

Bildnachweis
Titelfoto: Mario Schmidt Photography
Zeichnungen S. 4, 7, 12, 13, 14, 15, 17, 18, 19, 27, 28, 29, 30, 31, 33, 34, 35, 36, 37, 41 © Zdenek Sasek – Adobe Stock
Fotos S. 3, 10, 11, 16, 17, 20, 21, 24, 25, 26, 32, 43, 46 © Andrii Yalanskyi – Adobe Stock
Fotos S. 5 unten & S. 6 © Eric Isselée – Adobe Stock
Foto S. 5 rechts © Elena Schweitzer – Adobe Stock

Layout, Satz und digitale Bearbeitung
rsrdesign, Wiesbaden, www.rsrdesign.de

Druck
Medienhaus Plump GmbH, Rheinbreitbach

Leserservice
Verlag Herder GmbH
Hermann-Herder-Str. 4
79104 Freiburg
Tel.: 0761 / 2717-379 oder 0761 / 2717-244
Fax: 0761 / 2717-249
E-Mail: kundenservice@herder.de

Gedruckt auf chlorfrei gebleichtem Papier

Printed in Germany

Titelnummer: 349
ISBN Print: 978-3-451-00349-3
ISBN E-Book (PDF): 978-3-451-82765-5